James Thurber

75 Fabeln für Zeitgenossen

Den unverbesserlichen Sündern gewidmet

Rowohlt

Mit 62 Zeichnungen des Autors
Deutsch von Ulla Hengst, Hans Reisiger
und H. M. Ledig-Rowohlt
Übertragen nach den bei Harper & Row, New York,
und Simon and Schuster, New York,
erschienenen Originalausgaben
Fables for Our Time und Further Fables for Our Time
Farbiges Umschlagbild
nach einer Zeichnung von James Thurber
Schrift- und Einbandgestaltung
von Werner Rebhuhn

1.–25. Tausend Februar 1967
26.–36. Tausend Mai 1967
37.–49. Tausend Mai 1968
50.–59. Tausend Mai 1969
60.–70. Tausend April 1970
71.–75. Tausend September 1972
76.–85. Tausend Oktober 1973
86.–89. Tausend Oktober 1975
90.–97. Tausend Oktober 1976
98.–104. Tausend Juni 1978
105.–111. Tausend Februar 1980
112.–121. Tausend Mai 1981
Copyright by Rowohlt Verlag GmbH, Hamburg, 1950, 1953
Copyright © 1967 by Rowohlt Verlag GmbH,
Reinbek bei Hamburg
Fables for Our Time Copyright by James Thurber, 1940
Published by Harper & Row, New York
Further Fables for Our Time © James Thurber, 1956
Published by Simon and Schuster, New York
Alle deutschen Rechte vorbehalten
Gesamtherstellung Clausen & Bosse, Leck
Printed in Germany
ISBN 3 498 09820 9

Die Kaninchen, die an allem
schuld waren

Es war einmal – selbst die jüngsten Kinder erinnern sich noch daran – eine Kaninchenfamilie, die unweit von einem Rudel Wölfe lebte. Die Wölfe erklärten immer wieder, daß ihnen die Lebensweise der Kaninchen ganz und gar nicht gefalle. (Von ihrer eigenen Lebensweise waren die Wölfe begeistert, denn das war die einzig richtige.) Eines Nachts fanden mehrere Wölfe bei einem Erdbeben den Tod, und die Schuld daran wurde den Kaninchen zugeschoben, die ja, wie jedermann weiß, mit ihren Hinterbeinen auf den Erdboden hämmern und dadurch Erdbeben verursachen. In einer anderen Nacht wurde einer der Wölfe vom Blitz erschlagen, und schuld daran waren wieder die Kaninchen, die ja, wie jedermann weiß, Salatfresser sind und dadurch Blitze verursachen. Die Wölfe drohten, die Kaninchen zu zivilisieren, wenn sie sich nicht besser benähmen, und die Kaninchen beschlossen, auf eine einsame Insel zu flüchten.

Die anderen Tiere aber, die weit entfernt wohnten, redeten den Kaninchen ins Gewissen. Sie sagten: «Ihr müßt eure Tapferkeit beweisen, indem ihr bleibt, wo ihr seid. Dies ist keine Welt für Ausreißer. Wenn die Wölfe euch angreifen, werden wir euch zu Hilfe eilen – höchstwahrscheinlich jedenfalls.»

So lebten denn die Kaninchen weiterhin in der Nachbarschaft der Wölfe. Eines Tages kam eine schreckliche Überschwemmung, und viele Wölfe ertranken. Daran waren die Kaninchen schuld, die ja, wie jedermann weiß, Mohrrübenknabberer mit langen Ohren sind und dadurch Überschwemmungen verursachen. Die Wölfe fielen über die Kaninchen her – natürlich um ihnen zu helfen – und sperrten sie in eine finstere Höhle – natürlich um sie zu schützen.

Wochenlang hörte man nichts von den Kaninchen, und schließlich fragten die anderen Tiere bei den Wölfen an, was mit ihren Nachbarn geschehen sei. Die Wölfe erwiderten, die Kaninchen seien gefressen worden, und da sie gefressen worden seien, handle es sich um eine rein innere Angelegenheit. Die anderen Tiere drohten jedoch, sich unter Umständen gegen die Wölfe zusammenzuschließen, wenn die Vernichtung der Kaninchen nicht irgendwie begründet würde. Also gaben die Wölfe einen Grund an.

«Sie versuchten auszureißen», sagten die Wölfe, «und wie ihr wißt, ist dies keine Welt für Ausreißer.»

Moral: Laufe – nein, *galoppiere* schnurstracks zur nächsten einsamen Insel.

Die ziemlich intelligente Fliege

Eine große Spinne hatte in einem alten Haus ein schönes Netz gewoben, um Fliegen zu fangen. Jedesmal, wenn eine Fliege sich auf dem Netz niederließ und darin hängenblieb, verzehrte die Spinne sie schleunigst, damit andere Fliegen, die vorbeikamen, denken sollten, das Netz sei ein sicherer und gemütlicher Platz. Eines Tages schwirrte eine ziemlich intelligente Fliege so lange um das Netz herum, ohne es zu berühren, daß die Spinne schließlich hervorkroch und sagte: «Komm, ruh dich bei mir ein bißchen aus.» Aber die Fliege ließ sich nicht übertölpeln.

«Ich setze mich nur an Stellen, wo ich andere Fliegen sehe», antwortete sie, «und ich sehe bei dir keine anderen Fliegen.»

Damit flog sie weiter, bis sie an eine Stelle kam, wo sehr viele Fliegen saßen. Sie wollte sich gerade zu ihnen gesellen, als eine Biene ihr zurief: «Halt, du Idiot, hier ist Fliegenleim. Alle diese Fliegen sitzen rettungslos fest.»

«Red keinen Unsinn», sagte die Fliege. «Sie tanzen doch.»

Damit ließ sie sich nieder und blieb auf dem Fliegenleim kleben wie all die anderen Fliegen.

Moral: Der Augenschein kann ebenso trügerisch sein wie die Sicherheit, in der man sich wiegt.

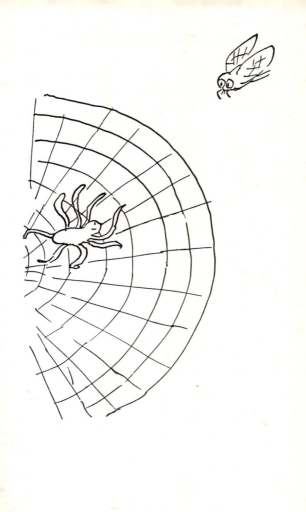

Das kleine Mädchen und der Wolf

Eines Nachmittags saß ein großer Wolf in einem finsteren Wald und wartete, daß ein kleines Mädchen mit einem Korb voller Lebensmittel für ihre Großmutter des Weges käme. Endlich kam auch ein kleines Mädchen des Weges, und sie trug einen Korb voller Lebensmittel. «Bringst du den Korb zu deiner Großmutter?» fragte der Wolf. Das kleine Mädchen sagte ja, und nun erkundigte sich der Wolf, wo die Großmutter wohne. Das kleine Mädchen gab ihm Auskunft, und er verschwand in den Wald.

Als das kleine Mädchen das Haus ihrer Großmutter betrat, sah sie, daß jemand im Bett lag, der ein Nachthemd und eine Nachthaube trug. Sie war noch keine drei Schritte auf das Bett zugegangen, da merkte sie, daß es nicht ihre Großmutter war, sondern der Wolf, denn selbst in einer Nachthaube sieht ein Wolf einer Großmutter nicht ähnlicher als der Metro-Goldwyn-Löwe dem Präsidenten der Vereinigten Staaten. Also nahm das kleine Mädchen einen Browning aus ihrem Korb und schoß den Wolf tot.

Moral: Es ist heutzutage nicht mehr so leicht wie ehedem, kleinen Mädchen etwas vorzumachen.

Der Löwe, der fliegen wollte

Es war einmal ein Löwe, der beneidete einen Adler um seine Flügel. Er ließ den Adler zu sich bitten, und als der Adler in der Löwenhöhle erschien, sagte der Löwe: «Gib mir deine Flügel, und ich will dir dafür meine Mähne geben.»

«Wo denkst du hin, Bruder», erwiderte der Adler. «Ohne Flügel kann ich ja nicht mehr fliegen.»

«Na wennschon», meinte der Löwe. «Ich kann auch nicht fliegen, und trotzdem bin ich der König der Tiere. Und warum bin ich der König der Tiere? Weil ich eine so prachtvolle Mähne habe.»

«Gut», sagte der Adler, «einverstanden. Aber zuerst gib mir die Mähne.»

«Komm her und nimm sie mir ab», forderte der Löwe ihn auf.

Der Adler ging näher heran, und der Löwe drückte ihn blitzschnell mit seiner großen Pranke zu Boden. «Her mit den Flügeln», knurrte er.

So raubte der Löwe dem Adler die Flügel, behielt jedoch seine Mähne. Der Adler war recht verzweifelt, bis er schließlich auf eine List verfiel.

«Ich wette, daß du nicht von dem großen Felsen da drüben herunterfliegen kannst», sagte er.

«Wer?» fragte der Löwe. «Ich?» Und schon trottete er zur Spitze des Felsens hinauf und

sprang ab. Er war natürlich viel zu schwer, als
daß die Adlerflügel ihn hätten tragen können,
und überdies wußte er nicht, wie man fliegt, da
er es nie zuvor versucht hatte. Die Folge war,
daß er am Fuße des Felsens aufschlug und sofort
in Flammen stand. Der Adler eilte zu ihm hin,
nahm ihm die Flügel ab und vergaß auch die
Löwenmähne nicht, die er sich um Hals und
Schultern hängte. Als er zu dem Felsennest zu-
rückflog, in dem er mit seiner Frau lebte, beschloß er, sich einen Spaß mit ihr zu machen.
Von der Löwenmähne umwallt, steckte er den
Kopf ins Nest und brüllte mit tiefer Stimme ein
drohendes «RRRRRRR». Seine Frau, die ohne-
hin sehr nervös war, griff in die Schreibtisch-
schublade, holte eine Pistole heraus und schoß
ihn nieder, denn sie dachte, er sei ein Löwe.

Moral: Wenn du eine nervöse Frau hast, halte
deine Pistole unter Verschluß, ganz gleich, in
welchem Aufzug du nach Hause kommst.

Der propre Ganter

Es war einmal – und sehr lange ist das noch gar nicht her – ein wunderschöner Ganter. Er war groß und stark, glatt und sauber und beschäftigte sich vorwiegend damit, für seine Frau und die Kinder zu singen. «Was für ein proprer Ganter», bemerkte jemand, der ihn singend im Hof auf und ab stolzieren sah. Das hörte eine alte Henne, und sie erzählte es abends auf der Hühnerstange ihrem Gemahl. «Von Propaganda war da die Rede», zischelte sie.

«Ich habe dem Burschen nie getraut», versetzte der Hahn, und tags darauf ging er im Hof umher und sagte jedem, der es hören wollte, der schöne Ganter sei ein höchst gefährlicher Vogel, aller Wahrscheinlichkeit nach ein Habicht im Gänserichgewand.

Eine kleine braune Henne erinnerte sich, daß sie einmal von weitem beobachtet hatte, wie der Ganter im Walde mit einigen Habichten sprach. «Die führten irgendwas im Schilde», versicherte sie. Eine Ente berichtete, der Ganter habe einmal zu ihr gesagt, er glaube an gar nichts. «Und er hat auch gesagt, daß er Fahnen haßt», fügte die Ente hinzu. Ein Perlhuhn entsann sich, einmal gesehen zu haben, wie jemand, der dem Ganter auffallend ähnelte, etwas warf, was einer Bombe auffallend ähnelte. Schließlich bewaffneten sich alle mit Stöcken und Steinen und zogen vor des Ganters Haus. Er stolzierte gerade im Vorgarten auf und ab und sang für Weib und Kinder. «Da ist er!» schrien alle. «Habichtfreund! Atheist! Fahnenhasser! Bombenwerfer!» Damit fielen sie über ihn her und jagten ihn aus dem Lande.

Moral: Jeder, den du und deine Frau für einen Landesverräter halten, ist selbstverständlich auch einer.

Der Nachtschmetterling und der Stern

Ein junger, empfindsamer Nachtschmetterling hatte einst sein Herz an einen bestimmten Stern gehängt. Er erzählte seiner Mutter davon, und sie riet ihm, er solle sein Herz lieber an eine Leselampe hängen. «Sterne sind nicht das Richtige für unsereinen», sagte sie. «Das einzig Richtige sind Lampen.»

«Ja, bei denen kommt man zu etwas», bestätigte der Vater des Nachtschmetterlings. «Wer aber Sternen nachjagt, der kommt zu gar nichts.»

Der Sohn hörte nicht auf seine Eltern. Jeden Abend, kaum daß es dämmerte, unternahm er den Versuch, zu dem Stern hinaufzufliegen, und jeden Morgen bei Tagesanbruch kehrte er mit lahmen Flügeln zurück, erschöpft von seinem vergeblichen Bemühen. Eines Tages sagte sein Vater zu ihm: «Du hast dir in all den Monaten nicht einen Flügel verbrannt, mein Junge, und mir sieht's ganz so aus, als würdest du es niemals tun. Alle deine Brüder haben sich beim Rundflug um Straßenlampen schwer verbrannt, und alle deine Schwestern haben sich beim Rundflug um Hauslampen tüchtig versengt. Also vorwärts, nimm dir ein Beispiel an ihnen. Hinaus mit dir! Ein großer, stämmiger Nachtschmetterling-Bengel wie du und noch ohne eine Narbe am Leib!»

Der Nachtschmetterling verließ die elterliche Wohnung, aber er flog nicht um Straßenlampen, und er flog nicht um Hauslampen. Er setzte seine Bemühungen fort, zu dem Stern zu gelangen, der vierundeindrittel Lichtjahre – das sind fünfundzwanzig Trillionen Meilen – entfernt war. Davon wußte der Nachtschmetterling jedoch nichts; er dachte, der Stern habe sich nur in den Wipfelzweigen einer Ulme verfangen. Obgleich er ihn nie erreichte, versuchte er es immer wieder, Nacht für Nacht. Schließlich, als er schon ein steinalter Nachtschmetterling war, bildete er sich ein, er habe den Stern erreicht, und er teilte es jedermann mit. Von einem großen, bleibenden Glück erfüllt, lebte er noch lange gesund und zufrieden. Seine Eltern und seine Geschwister waren alle in der Blüte ihrer Jahre verbrannt.

Moral: Flieg hinaus aus unserer Welt der Sorgen, dann bleibst du wohlbehalten heut und morgen.

Die beiden Truthähne

Es waren einmal zwei Truthähne, ein alter und ein junger. Der alte Truthahn war seit vielen Jahren Herr des Hofes, und der junge Truthahn hätte gern seinen Platz eingenommen.

«Das alte Ekel werde ich demnächst kaltmachen», sagte der junge Truthahn zu seinen Freunden.

«Großartig, Joe, das tu nur!» riefen die Freunde, denn Joe traktierte sie mit Maiskörnern, die er gefunden hatte. Dann gingen die Freunde zu dem alten Truthahn und erzählten ihm, was der junge im Schilde führte.

«Na, den werde ich beim Kropf nehmen», sagte der alte Truthahn und bewirtete seine Besucher mit Maiskörnern.

«Großartig, Doktor, das tu nur!» riefen die Besucher.

Eines Tages ging der junge Truthahn zu dem alten hinüber, der gerade vor ein paar Freunden mit seiner heldenhaften Tapferkeit prahlte.

«Ich werde dir die Zähne einschlagen», drohte der junge Truthahn.

«Komm doch her, wenn du dich traust», schrie der alte Truthahn, und damit fingen sie an, einander zu umkreisen wie Boxer, die eine Angriffsmöglichkeit suchen. In diesem Augenblick erschien der Farmer, dem die Truthähne gehörten, packte den jungen, trug ihn fort und drehte ihm den Hals um.

Moral: Jugend serviert man im allgemeinen mit gerösteten Kastanien.

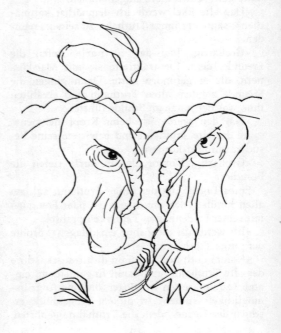

Der Neuntöter und die Eichhörnchen

Es waren einmal zwei Eichhörnchen, ein Männchen und ein Weibchen. Das Männchen war der Meinung, es mache mehr Spaß, Nüsse in kunstvollen Mustern anzuordnen, als sie nur aufzuhäufen, um zu sehen, wie viele man aufhäufen könne. Das Weibchen dagegen hielt es für besser, einen möglichst großen Vorrat anzulegen. Sie sagte zu ihrem Mann, er solle darauf verzichten, Muster mit den Nüssen zu machen, weil dann sehr viel mehr Nüsse in ihrer großen Höhle Platz hätten und er bald das reichste Eichhörnchen im ganzen Wald sein würde. Aber er ließ sich seine Muster nicht ausreden. Das brachte sie derart in Wut, daß sie ihn verließ. «Der Neuntöter wird dich holen, denn du bist ja in deiner Hilflosigkeit nicht fähig, für dich zu sorgen», prophezeite sie.

Das Weibchen war noch keine drei Nächte fort, als sich das Männchen für ein Bankett ankleiden mußte. Er fand jedoch weder sein Hemd noch die Kragenknöpfe noch die Hosenträger und konnte daher nicht zu dem Bankett gehen. Wie sich später herausstellte, war das ein Glück, denn alle Eichhörnchen, die hingingen, wurden von einem Wiesel überfallen und getötet.

Am nächsten Tag strich der Neuntöter immerzu um die Höhle des Eichhörnchens herum und

lauerte darauf, es zu erwischen. Hinein konnte
er nicht, weil Berge von schmutziger Wäsche und
benutztem Geschirr den Eingang versperrten.
Nach dem Frühstück kommt er bestimmt zu
einem Spaziergang heraus, dachte der Neuntöter, und dann werde ich ihn kriegen. Aber das
Eichhörnchen schlief den ganzen Tag und stand
erst auf, als die Nacht hereinbrach. Es frühstück-
te und verließ dann die Höhle, um Luft zu
schöpfen, bevor es ein neues Muster in Angriff
nahm. Der Neuntöter stieß herab und wollte das
Eichhörnchen schnappen, aber da er im Dunkeln
schlecht sehen konnte, prallte er mit dem Kopf
gegen einen Erlenast und fiel tot zu Boden.

Ein paar Tage danach kam das Eichhörnchen-
weibchen zurück und sah, daß eine heillose Un-
ordnung im Haus herrschte. Sie ging zum Bett
und rüttelte ihren Mann wach. «Ich möchte bloß
wissen, was du ohne mich tun würdest», sagte
sie.

«Einfach weiterleben, nehme ich an», murmelte er schläfrig.

«Keine fünf Tage könntest du's durchhalten»,
versicherte sie ihm.

Sie säuberte das Haus, spülte das Geschirr,
ließ die Wäsche abholen und befahl dann ihrem
Mann, er solle aufstehen, baden und sich ankleiden. «Den ganzen Tag im Bett liegen ist ungesund», sagte sie. «Du brauchst Bewegung und
frische Luft.» Sie machte also mit ihm einen Spa-

ziergang im hellen Sonnenschein, und dabei wurden sie beide von dem Bruder des Neuntöters, einem Neuntöter namens Stoop, erwischt und umgebracht.

Moral: Morgenstund mit Gold im Mund ist mitunter ungesund.

Der Seehund, der berühmt wurde

Ein Seehund, der auf einem breiten, glatten Felsen in der Sonne lag, sagte zu sich selbst: Mein Leben besteht nur aus Schwimmen. Keiner der anderen Seehunde kann besser schwimmen als ich, grübelte er, aber andererseits können sie alle genausogut schwimmen wie ich. Je länger er über die Monotonie seines an Ereignissen so armen Daseins nachdachte, desto niedergeschlagener wurde er. In der Nacht schwamm er davon und schloß sich einem Zirkus an.

Binnen zwei Jahren brachte es der Seehund in der Kunst des Balancierens zu höchster Vollendung. Er konnte nicht nur Lampen, Billardqueues und Fußmatten balancieren, sondern auch Schemel, Bälle, dicke Zigarren und alles, was man ihm sonst noch gab. Eines Tages fand er in einem Buch einen Hinweis auf das ‹Große Siegel der Vereinigten Staaten›. Da er ein amerikanischer Seehund war und das Wort *seal* im Amerikanischen sowohl ‹Siegel› als auch ‹Seehund› bedeutet, nahm er natürlich an, mit dem ‹Großen Seehund› sei er gemeint.

Im Winter seines dritten Artistenjahres kehrte er zu dem breiten, glatten Felsen zurück, um seine Freunde und Angehörigen zu besuchen. Er präsentierte sich ihnen mit sämtlichen Großstadterrungenschaften: neue Slangausdrücke, Likör in

24

einer goldenen Taschenflasche, Reißverschluß, eine Gardenie am Rockaufschlag. Voller Stolz balancierte er alles, was es auf dem Felsen zu balancieren gab – viel war das allerdings nicht. Als er sein Repertoire erledigt hatte, fragte er die anderen Seehunde, ob sie diese Kunststücke wohl auch fertigbrächten, und sie sagten nein.

«Okay», meinte er, «dann führt mir mal irgendwas vor, was *ich* nicht fertigbringe.»

Da Schwimmen das einzige war, was sie konnten, stürzten sie sich alle von dem Felsen ins Meer. Der Zirkusseehund sprang flugs hinterdrein, aber seine elegante Stadtkleidung, zu der auch ein Paar Siebzehndollarschuhe gehörten, war so schwer, daß sie ihn augenblicklich in die Tiefe zog. Außerdem war er drei Jahre lang nicht geschwommen und hatte vergessen, wie er seine Flossen und den Schwanz gebrauchen mußte. Bevor ihm die anderen Seehunde zu Hilfe eilen konnten, war er schon zum drittenmal untergegangen. Er erhielt ein schlichtes, aber würdiges Begräbnis.

Moral: Wer sich mit Flossen helfen muß, der spiele nicht mit Reißverschluß.

Der Tiger, der die Menschen verstand

Es war einmal ein Tiger, der lebte in den Vereinigten Staaten, und zwar in einem Zoo. Eines Tages lief er davon und kehrte in den Dschungel zurück. Während seiner Gefangenschaft hatte er viel von den Menschen gelernt, und er nahm sich vor, ihre Methoden in seinem Dschungel-Leben anzuwenden. Gleich am ersten Tag begegnete er einem Leoparden und sagte zu ihm: «Ich sehe nicht ein, warum wir auf die Jagd nach Nahrung gehen sollen. Wir werden uns einfach von den anderen Tieren versorgen lassen.»

«Du Optimist», höhnte der Leopard.

«Nichts ist leichter als das», sagte der Tiger. «Wir werden überall erzählen, daß wir einen Boxkampf veranstalten und daß jedes Tier zuschauen darf, wenn es einen frisch getöteten Eber abliefert. Dann werden wir ein bißchen umeinander herumspringen und schattenboxen. Ganz ungefährliche Sache also. Später kannst du sagen, du hättest dir während der zweiten Runde die rechte Pfote gebrochen, und ich werde sagen, ich hätte mir während der ersten Runde die linke Pfote gebrochen. Danach werden wir einen Revanchekampf ankündigen, und auf die Weise kriegen wir noch mehr wilde Eber.»

«Na, ich weiß nicht, ob das klappen wird», meinte der Leopard.

«Ach, natürlich klappt es», versicherte der Tiger. «Du mußt nur herumgehen und jedem erzählen, daß du bestimmt gewinnst, weil ich nichts als ein elender Angeber bin, und ich werde herumgehen und jedem erzählen, daß ich unmöglich verlieren kann, weil du nichts als ein elender Angeber bist, und dann werden sie alle neugierig auf den Kampf sein.»

Der Leopard erzählte also überall herum, er werde bestimmt gewinnen, weil der Tiger nichts als ein elender Angeber sei. Und der Tiger erzählte überall herum, er könne unmöglich verlieren, da der Leopard nichts als ein elender Angeber sei. Am Abend des Kampfes waren der Tiger und der Leopard sehr hungrig, weil sie die ganze Zeit nicht auf der Jagd gewesen waren. Sie wollten die Sache so schnell wie möglich hinter sich bringen und dann einige von den frisch getöteten wilden Ebern fressen, die sie von den anderen Tieren erhalten würden. Als aber die für den Kampf angesetzte Stunde herankam, ließ sich keines der Tiere blicken. «Meiner Meinung nach», hatte ein Fuchs zu ihnen gesagt, «liegen die Dinge so: Wenn der Leopard bestimmt gewinnt und der Tiger unmöglich verlieren kann, dann endet es mit einem Unentschieden, und so was ist maßlos langweilig. Besonders, wenn beide Gegner elende Angeber sind.» Den Tieren leuchtete die Logik dieser Behauptung ein, und so blieben sie alle der Arena fern. Als gegen Mit-

28

ternacht feststand, daß keines der Tiere erscheinen würde und daß auf frisches Eberfleisch nicht zu hoffen war, fielen der Tiger und der Leopard in ihrer Wut übereinander her. Sie trugen beide so schwere Verletzungen davon und waren beide so schwach vor Hunger, daß ein paar wilde Eber, die zufällig des Weges kamen, sie mühelos überwältigten und töteten.

Moral: Wer wie die Menschen lebt, sich die eigene Grube gräbt.

Der Jäger und der Elefant

Es war einmal ein Jäger, der verbrachte die besten Jahre seines Lebens damit, einen rosa Elefanten zu suchen. Er suchte im nördlichen China, in Sansibar und in Indien, immer ohne Erfolg. Je länger er suchte, desto sehnlicher wünschte er sich einen rosa Elefanten. Ganz seiner Suche hingegeben, zertrat er schwarze Orchideen und ging achtlos an purpurroten Kühen vorbei. Endlich gelang es ihm, in irgendeinem entlegenen Winkel der Welt einen rosa Elefanten aufzuspüren. Er brauchte zehn Tage, um die Grube auszuheben, in der er den Elefanten fangen wollte, und er mußte vierzig Eingeborene anwerben, damit sie ihm halfen, das seltene Tier in die Falle zu treiben. So wurde der Elefant gefangen, in Fesseln gelegt und nach Amerika transportiert.

Zu Hause stellte der Jäger bald fest, daß seine Farm als Aufenthaltsort für einen Elefanten denkbar ungeeignet war. Der rosa Dickhäuter zertrampelte die Dahlien und Päonien der Hausfrau, zertrümmerte das Spielzeug der Kinder und zerlegte große Möbelstücke – das Klavier, zum Beispiel, und den Küchenschrank – so mühelos in ihre Bestandteile, als wären es Lattenkisten. Nach etwa zwei Jahren entdeckte der Jäger eines Morgens beim Aufwachen, daß seine Frau die Trennung von Tisch und Bett vollzogen und die Kinder mitgenommen hatte und daß alle Tiere auf der Farm tot waren. Nur der Elefant lebte noch, unverändert frisch und munter, wenn auch stark ausgeblichen. Er war nicht mehr rosa. Er war weiß.

Moral: Es gibt so manche Mühe, die man sich lieber sparen sollte.

Der Scotty, der zuviel wußte

Vor etlichen Sommern begab sich ein Scotty zu
einem Besuch aufs Land. Schon nach kurzer Zeit
erklärte er alle Landhunde für Feiglinge, weil
sie sich vor einem gewissen Tier fürchteten, das
auf dem Rücken einen weißen Streifen hatte.

«Du Angsthase», sagte der Scotty zu dem
Landhund, in dessen Haus er zu Besuch war,
«dich mache ich jederzeit fertig, und ich mache
auch das kleine Tier mit dem weißen Streifen
fertig. Los, führ mich zu ihm hin.»

«Möchtest du nicht ein paar Einzelheiten über
das Tier wissen?» fragte der Landhund.

«Ach was», antwortete der Scotty, «ich bin ja
nicht so neugierig wie du.»

Der Landhund ging mit ihm in den Wald und
zeigte ihm das weißgestreifte Tier. Der Scotty
stürzte sich kühn und verwegen in den Kampf.
Im nächsten Augenblick war alles vorbei, und
der Scotty lag auf dem Rücken. Als er wieder
zu sich kam, fragte der Landhund: «Was war
denn?»

«Er hat Vitriol gespritzt», sagte der Scotty,
«aber angerührt hat er mich nicht.»

Ein paar Tage später erzählte der Landhund
dem Scotty, es gebe noch ein anderes Tier, vor
dem sich alle Landhunde fürchteten.

«Bring mich zu ihm», rief der Scotty. «Ich

mache jedes Tier fertig, wenn es nicht gerade Hufeisen trägt.»

«Möchtest du nicht ein paar Einzelheiten über das Tier wissen?» fragte der Landhund.

«Interessiert mich nicht», antwortete der Scotty. «Brauchst mir nur zu zeigen, wo es steckt.»

Der Landhund führte ihn in den Wald, und dort warteten sie, bis das kleine Tier des Weges kam.

«Ein Clown», meinte der Scotty geringschätzig. «Ein dummer August.» Und er ging los wie Joe Louis, wobei er prächtige Beinarbeit zur Schau stellte.

Kaum eine Sekunde später lag der Scotty auf dem Rücken, und als er aus seiner Ohnmacht erwachte, war der Landhund dabei, Stacheln aus ihm herauszuziehen.

«Was war denn?» erkundigte sich der Landhund.

«Er hat mit Messern nach mir geworfen», sagte der Scotty. «Aber wenigstens habe ich gelernt, wie ihr hier auf dem Lande kämpft, und jetzt werde ich *dir* die Flötentöne beibringen.»

Er drückte die eine Vorderpfote auf die Nase (zum Schutz gegen das Vitriol), deckte mit der anderen Vorderpfote die Augen ab (zum Schutz gegen Messerstiche) und stürzte sich auf den Landhund. Da er ihn weder sehen noch riechen konnte, wurde er so fürchterlich zugerichtet, daß man ihn in die Stadt zurückschaffen und in ein Krankenhaus einliefern mußte.

Moral: Es ist besser, ein paar Fragen zu stellen, als seiner Sache allzu sicher zu sein.

Der Bär, der es bleiben ließ

In den Wäldern des fernen Westens lebte einmal ein brauner Bär, der trank gern einen guten Tropfen, konnte es aber auch bleiben lassen. Er ging des öfteren in eine Bar, in der Met ausgeschenkt wurde. Von diesem gegorenen Honigsaft nahm er immer nur zwei Becher voll zu sich, niemals mehr. Dann legte er einen Geldschein auf die Theke, sagte: «Fragen Sie mal die Bären im Hinterzimmer, was sie haben wollen», und ging heim.

Mit der Zeit aber gewöhnte er sich an, von früh bis spät in der Bar zu sitzen und still vor sich hin zu trinken. Wenn er mitten in der Nacht nach Hause gewankt kam, stieß er den Schirmständer um, brachte die Stehlampe zu Fall und rammte die Ellbogen in die Fensterscheiben. Zuletzt plumpste er auf den Fußboden und schlief ein. Seine Frau war tief bekümmert, und seine Kinder ängstigten sich sehr.

Eines Tages erkannte der Bär das Verwerfliche seines Tuns und gelobte Besserung. Er wurde ein berühmter Abstinenzler und predigte unentwegt Mäßigkeit. Jedem, der ins Haus kam, schilderte er die verheerenden Folgen der Trunksucht, und er brüstete sich damit, wie stark und gesund er geworden war, seit er keinen Alkohol mehr anrührte. Um das vor Augen zu führen, machte er

35

Kopfstand, lief auf den Händen, schlug Rad in der Stube, stieß dabei den Schirmständer um, brachte die Stehlampe zu Fall und rammte die Ellbogen in die Fensterscheiben. Zuletzt streckte er sich, ermüdet von seinen gesunden Leibesübungen, auf dem Fußboden aus und schlief ein. Seine Frau war tief bekümmert, und seine Kinder ängstigten sich sehr.

Moral: Man kann ebensogut vornüber fallen wie hintenüber.

Der Uhu, der Gott war

In einer sternlosen Nacht saß einmal ein Uhu auf einem Eichbaum. Zwei Maulwürfe versuchten, unbemerkt vorbeizuschlüpfen. «Du!» rief der Uhu.

«Wer?» quiekten sie angstvoll und erstaunt, denn sie konnten gar nicht glauben, daß irgend jemand imstande sei, sie in dieser Finsternis zu sehen.

«Du und du», sagte der Uhu.

Die Maulwürfe liefen davon und erzählten den anderen Geschöpfen in Feld und Wald, der Uhu sei das weiseste aller Tiere, denn er könne im Dunkeln sehen und gebe auf jede Frage die richtige Antwort.

«Das werde ich mal nachprüfen», meinte ein Kranichgeier, und eines Nachts, als es wieder sehr finster war, stattete er dem Uhu einen Besuch ab.

«Habe ich jetzt die Augen offen, oder mache ich sie zu?» fragte der Kranichgeier.

«Zu», sagte der Uhu, und das stimmte.

«Wissen Sie, wie ‹wem› auf lateinisch heißt?» setzte der Kranichgeier das Examen fort.

«*Cui*», erwiderte der Uhu.

Der Kranichgeier versuchte es ein drittes Mal. «Wie ist der Name der südafrikanischen Antilope?»

«Gnu», ließ sich der Uhu vernehmen.

Der Kranichgeier eilte zu den anderen Geschöpfen zurück und berichtete, der Uhu sei in der Tat das weiseste aller Tiere, denn er könne im Dunkeln sehen und gebe auf jede Frage die richtige Antwort.

«Kann er auch bei Tag sehen?» erkundigte sich ein Rotfuchs.

«Ja», echoten eine Haselmaus und ein Zwergpudel, «kann er auch bei Tag sehen?»

Diese törichte Frage reizte die anderen Geschöpfe zu lautem Lachen. Sie fielen über den Rotfuchs und seine Freunde her und vertrieben sie aus der Gegend. Dann schickten sie einen Abgesandten zu dem Uhu und ließen ihn bitten, ihr Führer zu werden.

Als der Uhu bei den Tieren erschien, war es zwölf Uhr mittags, und die Sonne schien hell. Er schritt sehr langsam einher, was ihm einen überaus würdigen Anstrich verlieh, und er starrte mit seinen großen Glotzaugen um sich, was ihm ein ungemein bedeutendes Aussehen gab.

«Er ist Gott!» kreischte eine große Legehenne. Und die anderen Tiere stimmten begeistert in den Ruf ein. «Er ist Gott», jubelten alle.

Sie folgten ihm, wohin er auch ging, und wenn er an etwas anbumste, dann bumsten sie auch an. Als er eine Autostraße erreichte, wanderte er auf ihr weiter, und alle seine Anhänger folgten ihm. Ein Falke, der die Vorhut übernommen

38

hatte, entdeckte plötzlich, daß ein Lastkraftwagen mit großer Geschwindigkeit auf sie zukam. Er meldete es dem Kranichgeier, und der meldete es dem Uhu.

«Es droht Gefahr», krächzte der Kranichgeier.
«*Cui?*» fragte der Uhu.

Der Kranichgeier teilte es ihm mit und fügte hinzu: «Fürchtest du dich denn nicht?»

«Puh», sagte der Uhu ruhig, denn er konnte den Lastkraftwagen nicht sehen.

«Er ist Gott», schrien alle Geschöpfe, und sie schrien noch immer «Er ist Gott!», als der Lastkraftwagen heranbrauste und sie überfuhr. Einige Tiere wurden nur verletzt, aber die meisten, darunter der Uhu, kamen ums Leben.

Moral: Glaube macht nicht immer selig.

Die Schafe im Wolfspelz

Vor nicht allzu langer Zeit schlüpften einmal zwei Schafe in Wolfspelze, um sich als Spione unter die Wölfe zu mischen. Als sie ankamen, war gerade ein Festtag, und alle Wölfe vergnügten sich in den Schenken oder tanzten auf den Straßen. Da sagte das erste Schaf zu seinem Gefährten: «Wölfe sind genauso wie wir. Sie tanzen und springen, und jeder Tag ist im Wolfsland ein Festtag.» Das Schaf notierte seine Beobachtungen auf einem Blatt Papier (was ein Spion niemals tun sollte) und betitelte sie *Ich war vierundzwanzig Stunden im Wolfsland*, denn es hatte beschlossen, das Spionieren aufzugeben und statt dessen ein Buch über das Wolfsland sowie einige Artikel für den *Familienfreund* zu schreiben. Das zweite Schaf erriet diese Absicht und zog sich zurück, um ebenfalls ein Buch zu schreiben, das den Titel *Ich war zehn Stunden im Wolfsland* tragen sollte. Das erste Schaf schöpfte Verdacht, als es seinen Gefährten nirgends finden konnte. Es beeilte sich daher, seinem Verleger telegrafisch den Text eines Buches zu übermitteln, das auch sofort angenommen und unter dem Titel *Ich war fünf Stunden im Wolfsland* angekündigt wurde. Das zweite Schaf verkaufte sein Manuskript unverzüglich an einen großen Zeitungskonzern.

Beide Schafe versicherten ihren Mitbürgern übereinstimmend: «Wölfe sind genauso wie Schafe. Sie tanzen und springen, und jeder Tag ist im Wolfsland ein Festtag.» Die Bewohner des Schafslandes ließen sich davon überzeugen, zogen ihre Wachen zurück und öffneten die Schlagbäume. Als die Wölfe eines Nachts heulend und geifernd in das Land einfielen, konnten sie die Schafe so leicht töten wie Fliegen an einer Fensterscheibe.

Moral: Ob's stimmt, ist nicht wichtig – Hauptsache, es wird gedruckt.

Der Storch, der eine dumme Frau geheiratet hatte

Ein dänischer Storch hatte die Gewohnheit, sechs Nächte in der Woche mit seinen Kameraden in der Kneipe zu sitzen, wo sie sich mit Trinken, Würfeln und Knobeln vergnügten. Seiner Frau dagegen hatte er streng verboten, das gemeinsame Nest zu verlassen, das sich auf einem Schornstein befand. Er wollte nämlich nicht, daß sie hinter die Schliche der Männer käme. Wenn er gegen vier Uhr morgens nach Hause zurückkehrte – manchmal wurde es allerdings noch später, weil er den Abend in einem Nachtclub beschlossen hatte –, dann brachte er ihr stets Konfekt mit und erzählte ihr dabei eine Storchengeschichte, was etwa das gleiche wie ein Lügenmärchen ist. «Ich war unterwegs und habe Babies abgeliefert», pflegte er zu sagen. «Die Arbeit bringt mich um, aber ich muß meine Pflicht tun.»

«Wo lieferst du denn die Babies ab?» fragte sie eines Morgens.

«Bei den Menschen», antwortete er. «Menschen sind nicht fähig, ohne fremde Hilfe Babies zu bekommen. Tiere können das ohne weiteres, aber Menschen nicht. Sie sind in jeder Beziehung auf uns Tiere angewiesen, mag es sich nun um Nahrung, Kleidung oder Familienzuwachs handeln.»

In diesem Augenblick läutete das Telefon, und

der Storch nahm den Hörer ab. «Da ist wieder ein Baby fällig», sagte er, als er aufgelegt hatte. «Ich muß heute abend liefern gehen.»

Abends machte er sich also auf den Weg, und er kam erst gegen halb acht Uhr morgens zurück. «Ein ganz schwieriger Fall», erklärte er und überreichte seiner Frau eine Schachtel Konfekt. «Fünf Mädchen!» Er vergaß allerdings zu erwähnen, daß alle fünf Mädchen blond und etwa zwanzig Jahre alt waren.

Nach einiger Zeit fing die Störchin an nachzudenken. Ihr Mann hatte ihr eingeschärft, sie solle das Nest um keinen Preis verlassen, weil die Welt voller Storchenfallen sei, aber nun stiegen gewisse Zweifel in ihr auf. Sie flog daher in die Welt hinaus, sah sich um und hörte sich um. Auf diese Weise erfuhr sie, was die Glocke geschlagen hatte. Sie lernte, daß man den Männern nicht alles glauben darf und daß, wie der Dichter sagt, ‹noch viel besser als Konfekt ab und zu ein Schnäpschen schmeckt›. Sie fand auch heraus, daß die menschlichen Sprößlinge nicht von den Störchen gebracht werden. Diese letzte Entdeckung war ein harter Schlag für sie und ein noch härterer Schlag für Papa Storch, als er am nächsten Morgen um Viertel vor sechs nach Hause kam. «Hallo, du gynäkologischer Schwindler», sagte seine Frau kalt, «wie geht's denn den blonden Fünflingen heute?» Und damit schlug sie ihm einen Dachziegel auf den Kopf.

44

Moral: Den Männern sei zu lügen und zu bummeln nicht verwehrt, aber der Frauen Platz ist am häuslichen Herd.

Die Insel des Friedens

An einem lieblichen Morgen im Jahre des Herrn 1939 stieg ein kleiner alter Herr aus dem Bett und stieß die Fenster seines Schlafzimmers weit auf, um die lebenspendende Sonne hereinzulassen. Eine giftige schwarze Spinne, die auf dem Balkon gedöst hatte, fuhr auf ihn zu, und wenn sie ihn auch verfehlte, so verfehlte sie ihn doch nur um Haaresbreite. Der alte Herr ging hinunter ins Eßzimmer und wollte sich gerade zu einem leckeren Frühstück niedersetzen, als sein Enkel, ein Knabe namens Burt, den Stuhl unter ihm wegzog. Der Alte verstauchte sich die Hüfte und konnte von Glück sagen, daß der Knochen nicht brach.

Später, als der alte Herr das Haus verließ und auf einen kleinen Park mit vielen Bäumen zuhumpelte, der für ihn eine Insel des Friedens war, stolperte er plötzlich über einen grellbunten Reifen, den ihm ein grimmiges kleines Mädchen gleichmütig, aber schwungvoll vor die Füße gerollt hatte.

Der Alte hinkte weiter. Er erschrak ein wenig, war aber nicht eigentlich überrascht, als ihm an der nächsten Ecke ein frecher Räuber eine Pistole in die Rippen drückte. «Hände hoch, Mac», sagte der Räuber, «und alles abliefern.» Mac hob gehorsam die Hände und lieferte alles ab – Uhr,

46

Geld und einen goldenen Ring, den ihm seine Mutter vor vielen, vielen Jahren geschenkt hatte.

Schließlich erreichte der alte Herr den kleinen Park, der für ihn eine Quelle der Freude und des Trostes war. Zu seinem Entsetzen stellte er fest, daß seine geliebten Bäume teils von Mehltau und teils vom Borkenkäfer befallen waren. Sie standen nackt und kahl da und boten nicht den geringsten Schutz mehr, so daß die hundert Bomber, die plötzlich am Himmel erschienen, in dem kleinen alten Herrn ein prächtiges Ziel fanden.

Moral: Die Welt ist so voll von allen erdenklichen Gütern, daß wir eigentlich alle glücklich und zufrieden wie die Könige leben müßten, und man weiß ja, wie glücklich und zufrieden Könige sind.

Der Kräherich und die Pirolin

Es war einmal ein Kräherich, der verliebte sich in eine Pirolin. Er hatte sie jedes Frühjahr auf ihrem Weg nach Norden und jeden Herbst auf ihrem Weg nach Süden an seinem Nest vorbeifliegen sehen und war zu der Überzeugung gelangt, sie sei ein sehr leckeres Mädchen. Sie flog, wie er beobachtet hatte, in jedem Jahr mit einem anderen Kavalier nach Norden, aber die Tatsache, daß es sich bei diesen Begleitern stets um Pirole handelte, war ihm entgangen. Die Kleine ist für jeden zu haben, sagte er sich.

Kurz entschlossen teilte er seiner Frau mit, daß er eine Pirolin liebe, die so schmuck sei wie ein Manschettenknopf. Er wünsche die Scheidung, fügte er hinzu, und die Frau erfüllte ihm den Wunsch, indem sie die Tür öffnete und ihm seinen Hut reichte.

«Komm mir aber nicht angeheult, wenn sie dir den Laufpaß gibt», sagte sie. «Dieses Saisonflittchen hat kein Gehirn im Kopf. Vom Kochen und Nähen versteht sie nichts, und in den oberen Lagen klingt ihre Stimme wie eine Straßenbahn in der Kurve. Die Krähe dagegen ist, wie du in jedem Lexikon nachlesen kannst, so klug und geschickt wie kein anderer Vogel – auf dich trifft das allerdings nicht zu.»

«Papperlapapp», erwiderte der Kräherich,

48

«du bist ja nur eifersüchtig.» Er warf ihr ein paar Dollar hin. «Da», sagte er, «geh und kauf dir was Anständiges zum Anziehen. Du sieht aus wie der Boden von einem alten Teekessel.» Und fort war er, um nach der Pirolin auszuschauen.

Dies alles geschah im Frühling, und als er ihr begegnete, war sie gerade mit einem Pirol, den er nie zuvor gesehen hatte, auf dem Wege nach

Norden. Er hielt sie an und gestand ihr seine Krähenliebe – oder sollen wir sagen, er krähte sein Liebesgeständnis? Auf jeden Fall brachte er seine Werbung mit so knarrender, kratziger Stimme vor, daß die Pirolin in lautes Lachen ausbrach.

«Ihre Stimme klingt wie ein alter Fensterladen», rief sie und schnippte spöttisch mit den Fingern.

«Ich bin größer und stärker als Ihr Herr Begleiter», sagte der Kräherich. «Außerdem ist mein Wortschatz viel reichhaltiger als seiner. Sämtliche Pirole im Lande könnten den Mais nicht aufpicken, den ich besitze. Ich bin eine ausgezeichnete Schildwache, und mein Alarmgeschrei ist meilenweit zu hören.»

«Wen, außer einer anderen Krähe, sollte das wohl interessieren?» versetzte die Pirolin lachend und flog weiter. Ihr Kavalier warf dem Kräherich ein paar Geldstücke hin.

«Da», sagte er, «kaufen Sie sich eine Sportjacke oder so etwas. Sie sehen ja aus wie der Boden von einer alten Kaffeekanne.»

Der Kräherich kehrte traurig in sein Nest zurück, fand aber seine Frau nicht mehr vor. An der Haustür hing ein Zettel, auf dem geschrieben stand: ‹Ich bin mit Bert fort. Arsenik liegt im Medizinschränkchen.›

Moral: Selbst das Lama bleibt besser bei Mama.

Der Elefant, der die ganze Welt herausforderte

Ein Elefant, der in Afrika lebte, erwachte eines Morgens mit der Überzeugung, daß er jedes Tier der Welt im Zweikampf besiegen könne. Er wunderte sich, daß er nicht schon eher auf diesen Gedanken gekommen war. Nach dem Frühstück besuchte er zuerst den Löwen. «Du bist nur der König der Tiere», trompetete der Elefant. «Ich dagegen bin ihr Champion.» Und er bewies seine Überlegenheit, indem er den Löwen fünfzehn Minuten lang mit allen zulässigen und unzulässigen Griffen bearbeitete und ihn schließlich knockout schlug. Dann stürzte er sich in rascher Folge auf den wilden Eber, den Wasserbüffel, das Rhinozeros, das Nilpferd, die Giraffe, das Zebra, den Adler und den Geier und besiegte sie alle.

Von nun an verbrachte der Elefant die meiste Zeit im Bett und aß Erdnüsse, während die anderen Tiere, die jetzt seine Sklaven waren, für ihn das größte Haus bauten, das je ein Tier bewohnt hatte. Es war fünf Stock hoch und bestand aus den härtesten Hölzern, die sich in Afrika finden ließen.

Als das Gebäude fertig war, zog der Champion der Tiere ein und verkündete, daß er bereit sei, gegen jedes Tier der Welt zum Kampf anzutreten. Er lud alle, die sich ihm stellen wollten, in sein Haus ein, wo sich im Erdgeschoß ein Boxring befand, der zehnmal größer war, als es den sportlichen Vorschriften entsprach.

Mehrere Tage vergingen, und dann bekam der Elefant einen anonymen Brief, in dem seine Herausforderung angenommen wurde. ‹Sei morgen nachmittag um drei Uhr in deinem Erdgeschoß›, lautete der Text des Schreibens. Der Elefant begab sich also am nächsten Tag um drei Uhr ins Erdgeschoß und hielt Ausschau nach seinem geheimnisvollen Gegner, aber es war niemand da, oder zumindest konnte er niemanden entdecken.

«Komm heraus aus deinem Versteck, du Feigling!» schrie der Elefant.

«Ich habe mich ja gar nicht versteckt», sagte eine dünne Stimme.

Der Elefant stürmte wie rasend im Erdgeschoß umher, zertrampelte Fässer und Kisten, stieß mit dem Kopf gegen die Heizungsröhren, brachte die Fundamente des Hauses zum Erzittern, konnte jedoch seinen Gegner nicht finden. Nach einer Stunde brüllte der Elefant, die ganze Sache sei ein aufgelegter Schwindel – vermutlich wolle ihn irgendein Bauchredner zum Narren halten. Aber auf solche faulen Tricks falle er nicht herein; er werde nie wieder ins Erdgeschoß kommen.

«O doch», sagte die dünne Stimme, «du wirst morgen um die gleiche Zeit hier unten sein und alle viere von dir strecken.»

Das dröhnende Lachen des Elefanten erschüt-

terte das Haus. «Na, das möchte ich mal erleben», spottete er.

Tags darauf, nachmittags um halb drei, erwachte der Elefant, der im fünften Stock des Hauses schlief, und blickte auf seine Armbanduhr. «Jemand, den ich nicht sehen kann, wird mich nicht dazu bringen, ins Erdgeschoß hinunterzusteigen», brummte er und schlief wieder ein. Pünktlich um drei Uhr begann das Haus zu schwanken, als hätte ein Erdbeben es in den Klauen. Die Pfosten und Balken bogen sich und brachen wie Schilfrohr, denn sie waren alle mit winzig kleinen Löchern durchsetzt. Der fünfte Stock stürzte ein und klatschte auf den vierten, der ebenfalls nachgab und den dritten mitriß, was wiederum den Zusammenbruch des zweiten zur Folge hatte, und auch der Boden des ersten Stocks wurde durchschlagen wie Binsengeflecht. Der Elefant landete im Erdgeschoß, wo er hart aufprallte und besinnungslos liegen blieb, alle viere von sich gestreckt. Eine dünne Stimme zählte ihn aus. Bei «zehn» kam der Elefant zu sich, vermochte aber kein Glied zu rühren.

«Wer bist du?» fragte er in einem Ton, der nur noch kläglich und nicht im geringsten mehr drohend war.

«Ich bin die Termite», antwortete die Stimme.

Die anderen Tiere mühten sich eine Woche lang ab, die Trümmer fortzuräumen, und als sie es schließlich geschafft und den Elefanten herausgeholt hatten, sperrten sie ihn ins Gefängnis. Dort verbrachte er den Rest seines Lebens, gebrochen an Leib und Seele.

Moral: Die Kleinen siegen so manches Mal, denn je größer du bist, desto härter der Fall.

Das Einhorn im Garten

Es war einmal ein Mann, der saß an einem sonnigen Morgen in der Frühstücksecke, und als er von seinem Rührei aufblickte, sah er im Garten ein weißes Einhorn mit einem goldenen Horn, das in aller Ruhe die Rosen abfraß. Der Mann ging ins Schlafzimmer hinauf und weckte seine friedlich schlummernde Frau mit dem Ruf: «Im Garten ist ein Einhorn und frißt Rosen!»

Sie öffnete die Augen und starrte ihn mißmutig an. «Das Einhorn ist ein Fabeltier», murmelte sie und kehrte ihm den Rücken.

Der Mann ging langsam die Treppe hinunter und in den Garten hinaus. Das Einhorn war noch da und knabberte jetzt an den Tulpen. «Hier nimm, Einhorn», sagte der Mann, rupfte eine Lilie ab und gab sie ihm. Das Einhorn fraß sie mit ernster Miene. Freudig bewegt, weil ein Einhorn in seinem Garten war, kehrte der Mann ins Haus zurück und weckte abermals seine Frau. «Das Einhorn hat eine Lilie gefressen», berichtete er.

Die Frau setzte sich im Bett auf und musterte ihn mit kaltem Blick. «Du bist ein Narr», sagte sie, «und ich werde dich ins Narrenhaus stecken lassen.»

Der Mann, der die Worte ‹Narr› und ‹Narrenhaus› nie gemocht hatte und sie angesichts des

55

strahlenden Morgens und des Einhorns in seinem
Garten noch weniger mochte, dachte ein Weilchen nach. «Das werden wir ja sehen», erwiderte
er dann und ging zur Tür. «Es hat ein goldenes
Horn mitten auf der Stirn», teilte er seiner Frau
noch mit, bevor er sich wieder in den Garten begab, um dem Einhorn zuzuschauen. Aber das
Einhorn war fort. Der Mann setzte sich zwischen die Rosensträucher und schlief ein.

Sobald die Frau allein war, stand sie auf und
kleidete sich an, so schnell sie konnte. Sie war
sehr aufgeregt, und ihre Augen leuchteten triumphierend. Zuerst rief sie die Polizei an und dann
einen Psychiater. Sie forderte sie auf, schleunigst
in ihr Haus zu kommen und eine Zwangsjacke
mitzubringen. Die Polizisten und der Psychiater
kamen, setzten sich auf Stühle und betrachteten
die Frau mit großem Interesse. «Mein Mann»,
begann sie, «hat heute morgen ein Einhorn gesehen.» Die Polizisten schauten den Psychiater
an, und der Psychiater schaute die Polizisten an.
«Er erzählte, es hätte eine Lilie gefressen», fuhr
sie fort. Der Psychiater schaute die Polizisten
an, und die Polizisten schauten den Psychiater
an. «Er erzählte, es hätte ein goldenes Horn
mitten auf der Stirn», schloß sie. Der Psychiater
gab den Polizisten mit ernster Miene ein Zeichen.
Sie sprangen von ihren Stühlen auf und ergriffen
die Frau. Es fiel ihnen nicht leicht, sie zu überwältigen, denn sie wehrte sich erbittert, aber

56

schließlich überwältigten sie sie doch. Sie hatten sie gerade in die Zwangsjacke gesteckt, als der Mann hereinkam.

«Haben Sie Ihrer Frau erzählt, Sie hätten ein Einhorn gesehen?» fragten die Polizisten.

«Natürlich nicht», antwortete der Mann. «Das Einhorn ist ein Fabeltier.»

«Mehr wollte ich nicht wissen», sagte der Psychiater. «Schafft sie fort. Es tut mir leid, Sir, Ihre Frau Gemahlin ist total übergeschnappt.»

Die Polizisten führten die Frau ab, sosehr sie auch fluchte und schrie, und sperrten sie in eine Anstalt. Der Mann aber lebte glücklich und zufrieden bis an sein seliges Ende.

Moral: Wer andern eine Grube gräbt ...

Die Vögel und die Füchse

Es war einmal ein Vogelschutzgebiet, in dem Hunderte von Baltimore-Pirolen glücklich beieinander lebten. Die Zufluchtstätte bestand aus einem Wald, um den sich ein hoher Drahtzaun zog. Als der Zaun errichtet worden war, hatten Füchse, die in der Nähe lebten, Einspruch erhoben und diese Grenze als willkürlich und unnatürlich bezeichnet. Trotzdem hatten sie vorerst nichts dagegen unternommen, weil sie vollauf damit beschäftigt waren, die Gänse und Enten der benachbarten Bauernhöfe zu zivilisieren. Schließlich aber waren alle Gänse und Enten zivilisiert, und da es an anderer Nahrung fehlte, wandten die Füchse ihre Aufmerksamkeit von neuem dem Vogelasyl zu. Ihr Führer verkündete, in diesem Wald hätten früher Füchse gelebt und sie seien widerrechtlich vertrieben worden. Baltimore-Pirole gehörten nach Baltimore, sagte er und fügte hinzu, daß die Pirole in dem Gehege eine ständige Bedrohung des Weltfriedens darstellten. Die anderen Tiere warnten die Füchse, die Vögel in ihrer Freistatt zu behelligen.

Eines Nachts griffen die Füchse das Gehege an und rissen den schützenden Zaun nieder. Die Pirole stoben heraus und wurden augenblicklich von den Füchsen umgebracht und gefressen.

Tags darauf fand eine Massenversammlung

der Füchse statt. Ihr Führer, ein Fuchs, von dem der liebe Gott täglich seine Richtlinien empfing, bestieg die Rednertribüne, um zu ihnen zu sprechen. Seine Botschaft war schlicht und erhaben.

«Vor euch», sagte er, «steht ein zweiter Lincoln. Wir haben alle diese Vögel befreit!»

Moral: Herrschaft der Pirole durch die Füchse und für die Füchse muß von der Erde verschwinden.

Die Stadtmaus, die aufs Land fuhr

Eine Stadtmaus begab sich eines Sonntags aufs Land, wo sie eine Feldmaus besuchen wollte. Sie reiste als blinder Passagier in einem Zug, den zu benutzen ihr die Feldmaus geraten hatte. Leider stellte sich bald heraus, daß der Zug sonntags in Beddington nicht hielt, und so konnte die Stadtmaus nicht in Beddington aussteigen, um den Omnibus nach Sibert's Junction zu nehmen, wo die Feldmaus sie abholen wollte. Die Stadtmaus mußte vielmehr bis Middleburg fahren und dort geschlagene drei Stunden auf den Gegenzug warten. Als sie endlich in Beddington eintraf, entdeckte sie, daß der letzte Omnibus nach Sibert's Junction gerade abgefahren war. Sie setzte sich sofort in Trab, rannte und rannte und holte tatsächlich den Omnibus ein. Keuchend sprang sie auf – und fand heraus, daß es gar nicht der Omnibus nach Sibert's Junction war, sondern daß er in die entgegengesetzte Richtung über Pell's Hollow und Grumm nach einem Ort namens Wimberby fuhr. Als der Omnibus schließlich hielt und die Maus ausstieg, regnete es in Strömen, und zudem erwies sich, daß an diesem Abend überhaupt keine Omnibusse mehr irgendwohin fuhren. «Hol's der Teufel», sagte die Stadtmaus und wanderte in die Stadt zurück.

60

Moral: Wozu in die Ferne schweifen, wenn es daheim viel gemütlicher ist.

Die Henne und der Himmel

Es war einmal eine kleine rote Henne, die pickte in einem Hof Steinchen und Würmer und Körner auf, als ihr plötzlich etwas auf den Kopf fiel. «Der Himmel stürzt ein!» schrie sie, und während sie davonlief, wiederholte sie immer von neuem: «Der Himmel stürzt ein!» Alle Hennen, denen sie begegnete, und alle Hähne, Puter und Enten lachten über sie, ziemlich selbstgefällig, so wie man über jemanden lacht, dessen Angst man für albern und unbegründet hält.

«Was regst du dich so auf?» glucksten sie.

«Der Himmel stürzt ein!» kreischte die kleine rote Henne.

Schließlich sagte ein sehr pompöser Hahn zu ihr: «Stell dich nicht so an, meine Liebe, dir ist ja nur eine Erbse auf den Kopf gefallen.» Er lachte und lachte, und alle anderen lachten mit, nur die kleine rote Henne nicht. Und dann fielen auf einmal mit schrecklichem Getöse große Brokken kristallisierter Wolken und riesige Blöcke eisblauen Himmels von oben herab, und alle wurden getötet, der Hahn, der gelacht hatte, die kleine rote Henne und all die anderen, denn der Himmel war tatsächlich eingestürzt.

Moral: Mich würde es nicht im geringsten wundern, wenn er es täte.

Die Schildkröte und der Hase

Es war einmal eine weise junge Schildkröte, die las in einem alten Buch von einer Schildkröte, die einen Hasen im Wettlauf besiegt hatte. Sie las daraufhin alle Bücher, die sie nur finden konnte, aber in keinem wurde ein Hase erwähnt, dem es gelungen war, eine Schildkröte zu besiegen. Die weise junge Schildkröte kam zu dem natürlichen Schluß, daß sie schneller laufen könne als ein Hase, und so machte sie sich auf, einen zu suchen. Unterwegs traf sie viele Tiere, die bereit waren, einen Wettlauf mit ihr zu wagen: Wiesel, Frettchen, Dackel, Waschbären, Maulwürfe und Eichhörnchen. Die Schildkröte fragte jeden, der sich als Gegner anbot, ob er schneller laufen könne als ein Hase, und die Antwort war immer ein Nein. (Nur ein Dackel namens Freddy sagte ja, aber den beachtete niemand.) «Na», meinte die Schildkröte, «dann brauche ich ja meine Zeit nicht an euch zu verschwenden, denn *ich* laufe schneller als ein Hase.» Und sie suchte weiter.

Nach vielen Tagen begegnete die Schildkröte endlich einem Hasen und forderte ihn zu einem Wettlauf heraus.

«Was willst du denn als Beine benutzen?» fragte der Hase.

«Das laß nur meine Sorge sein», erwiderte die Schildkröte. «Hier, lies das!» Und sie zeigte ihm die Geschichte in dem alten Buch, die mit der Moral schloß, daß die Schnellen nicht immer als erste durchs Ziel gehen.

«Unsinn», sagte der Hase, «du könntest in anderthalb Stunden keine fünfzig Fuß zurücklegen, während ich fünfzig Fuß in ein und einer fünftel Sekunde schaffe.»

«Pah!» rief die Schildkröte. «Höchstwahrscheinlich wirst du nicht einmal zweiter!»

«Das werden wir ja sehen», versetzte der Hase.

So wurde also eine Strecke von fünfzig Fuß abgesteckt. Alle anderen Tiere eilten herbei, um zuzuschauen. Ein Ochsenfrosch überwachte den Start, ein Vorstehhund gab den Startschuß ab, und auf ging es.

Als der Hase das Zielband zerriß, hatte die Schildkröte schätzungsweise achtdreiviertel Zoll zurückgelegt.

Moral: Neue Besen kehren gut, aber verlaß dich niemals auf eine alte Säge.

Die Henne, die nicht fliegen wollte

In einem Staat des Mittelwestens lebte eine gesprenkelte Henne, die eine ausgesprochene Gegnerin des Flugwesens war. In ihrer Jugend hatte sie einmal Wildgänse beobachtet, die nach Norden flogen, und dabei war sie Zeuge geworden, wie zwei der Vögel (von Jägern abgeschossen) im Sturzflug niedergingen und in den Wald fielen. Deshalb lief sie nun umher und teilte aller Welt mit, daß Fliegen überaus gefährlich sei und daß die Vernunft dem Federvieh gebiete, festen Boden unter den Füßen zu haben. Wollte sie auf die andere Seite der Landstraße vor ihrer Farm, so rannte sie schreiend und gackernd drauflos. Manchmal ging alles glatt, manchmal aber wurde sie um ein Haar von vorüberfahrenden Autos erfaßt. Fünf ihrer Schwestern und drei ihrer Schwiegersöhne kamen in einem einzigen Monat (Juli) ums Leben, als sie versuchten, die Straße zu überqueren.

Eines Tages richtete eine geschäftstüchtige Wildente eine Luftbrücke ein. Für den Transport über die Straße verlangte sie fünf Körner von einer Henne oder einem Hahn und zwei Körner von einem Küken. Aber die gesprenkelte Henne, die in ihrer Gemeinde eine Autorität war, gakkerte, kakelte und spektakelte und erzählte jedem, daß Flugreisen nicht sicher seien und es niemals sein würden. Sie redete so lange, bis niemand mehr die Luftbrücke benutzen wollte. Die Wildente sah ein, daß hier kein Geschäft zu machen war, und kehrte in die Wälder zurück.

Bevor das Jahr um war, hatten die gesprenkelte Henne, weitere vier ihrer Schwestern, drei ihrer Schwiegersöhne, vier Tanten und ein Großvater bei dem Versuch, die Straße zu Fuß zu überqueren, ihr Leben ausgehaucht.

Moral: Nutze die Schwingen, die Gott dir gegeben, sonst kommst du ganz bestimmt ums Leben.

Der geduldige Bluthund

Im Mai 1937 wurde ein Bluthund, der in Wapokoneta Falls, Ohio, wohnte, auf die Spur eines Mannes gesetzt, den man eines bestimmten Verbrechens verdächtigte. Der Bluthund folgte ihm nach Akron, Cleveland, Buffalo, Syracuse, Rochester, Albany und New York. Dort fand gerade die große Westminster-Hundeschau statt, aber der Bluthund konnte sie nicht besuchen, weil der Mann das erste beste Schiff nach Europa nahm. Das Schiff landete in Cherbourg, und der Bluthund folgte dem Mann nach Paris, Beauvais, Calais, Dover, London, Chester, Llandudno, Bettws-y-Coed und Edinburgh, wo der Hund aus dienstlichen Gründen die internationale Schafausstellung versäumen mußte. Von Edinburgh folgte der Bluthund dem Mann nach Liverpool, konnte jedoch den wunderbaren Gerüchen dieser Stadt nicht nachspüren, da sich der Mann unverzüglich nach New York einschiffte.

Wieder in Amerika, folgte der Bluthund dem Mann nach Teaneck, Tenafly, Nyack und Peapack. Leider blieb ihm keine Zeit, mit den Zwergpinschern von Peapack herumzustreunen, denn der Mann reiste ohne Aufenthalt weiter nach Cincinnati, St. Louis, Kansas City, St. Louis, Cincinnati, Columbus, Akron und schließlich zurück nach Wapokoneta Falls. Dort stellte sich

68

heraus, daß die ganze Hetzjagd umsonst gewesen war: Der Mann hatte das Verbrechen gar nicht begangen.

Der Bluthund hatte sich die Pfotenballen durchgetreten und war derart geschwächt, daß er nie wieder auf die Spur von irgend etwas gesetzt werden konnte, das schneller als eine Schildkröte war. Außerdem hatte er nichts von der erregenden Schönheit der Welt wahrgenommen, da er ständig Augen und Nase auf dem Boden gehabt hatte.

Moral: Die Pfade des Ruhmes führen wenigstens ins Grab, die Pfade der Pflicht aber führen womöglich nirgendwohin.

Arthur und Al auf Freiersfüßen

Es war einmal ein junger Biber, der hieß Al und bewarb sich gemeinsam mit einem älteren Biber namens Arthur um die Gunst eines hübschen Biberweibchens. Die junge Dame wollte von Al nichts wissen, weil er ein Leichtfuß und ein Taugenichts war. Er hatte in seinem Leben noch kein Stückchen Holz benagt, denn er zog es vor, zu essen, zu schlafen, in den Flüssen herumzuschwimmen und ‹Hasch-mich› mit den Bibermädchen zu spielen. Arthur dagegen, der ältere Biber, hatte seit der Zeit, da er seine ersten Zähne bekam, immer nur gearbeitet und nie irgend etwas mit irgendwem gespielt.

Als der junge Biber das Biberweibchen bat, ihn zu heiraten, sagte sie, das komme nicht in Frage, es sei denn, er bringe es zu etwas. Sie wies ihn darauf hin, daß Arthur schon zweiunddreißig Dämme gebaut habe und zur Zeit an drei weiteren arbeite, während er, Al, bisher noch nicht einmal an ein Brotbrett oder ein Nudelholz herangegangen sei. Al war sehr traurig, erklärte aber, er denke nicht daran zu arbeiten, nur weil eine Frau es von ihm verlange. Als sie ihm daraufhin ihre schwesterliche Liebe anbot, erwiderte er, daß er bereits siebzehn Schwestern habe, deren Liebe ihm vollauf genüge. So nahm er denn sein gewohntes Leben wieder auf: Er aß, schlief,

70

schwamm in den Flüssen herum und spielte mit den Bibermädchen ‹Ich sehe was, was du nicht siehst›. Das Biberweibchen heiratete eines Tages Arthur – in der Mittagspause, denn er konnte seine Arbeit nicht länger als eine Stunde im Stich lassen. Sie bekamen sieben Kinder, und Arthur arbeitete so hart für den Unterhalt seiner Familie, daß er sich die Zähne bis zum Gaumen abwetzte. Bald war er nur noch ein Schatten seiner selbst, und er starb, ohne je in seinem Leben Urlaub genommen zu haben.

Der junge Biber fuhr fort, zu essen, zu schlafen, in den Flüssen herumzuschwimmen und mit den Bibermädchen ‹Blindekuh› zu spielen. Er brachte es nie zu etwas, aber er lebte herrlich und in Freuden und wurde steinalt.

Moral: Es ist besser, zu faulenzen und zu verzichten, als überhaupt nicht zu faulenzen.

Die Glasscheibe auf dem Feld

Es ist noch nicht lange her, da ließen eines Tages ein paar Handwerker, die ein Atelier in Connecticut bauten, eine riesengroße Spiegelglasscheibe aufrecht auf einem Feld stehen. Ein Goldfink, der geschwind über das Feld flog, prallte gegen die Scheibe und fiel bewußtlos zu Boden. Als er wieder zu sich kam, suchte er eilends seinen Club auf, wo ihm ein Diener den Kopf verband und ihn mit einem kräftigen Drink labte.

«Du lieber Himmel, was ist denn passiert?» fragte eine Seemöwe.

«Ich flog über eine Wiese, und da kristallisierte vor mir ganz plötzlich die Luft», antwortete der Goldfink.

Die Seemöwe, ein Habicht und ein Adler brachen in lautes Gelächter aus. Eine Schwalbe aber hörte mit ernster Miene zu.

«Seit fünfzehn Jahren, seit ich flügge wurde, durchstreife ich dieses Land», sagte der Adler, «und ich versichere dir, so was wie kristallisierte Luft gibt es nicht. Wasser, ja; Luft, nein.»

«Wahrscheinlich ist er von einem Hagelkorn getroffen worden», mutmaßte der Habicht.

«Oder er hat einen Schlaganfall gehabt», warf die Seemöwe ein. «Was meinst du, Schwalbe?»

«Ich ... ja ... ich meine, daß die Luft vielleicht vor ihm kristallisiert hat», erwiderte die Schwalbe.

Die großen Vögel wollten sich vor Lachen ausschütten. Der Goldfink wurde ärgerlich und erklärte, er wette mit jedem von ihnen um ein Dutzend Würmer, daß sie nicht auf dem gleichen Wege wie er über das Feld fliegen könnten, ohne auf die gehärtete Luft zu treffen. Sie nahmen die Wette an; die Schwalbe begleitete sie, um zuzuschauen. Die Seemöwe, der Adler und der Habicht beschlossen, den Weg, den der Goldfink bezeichnet hatte, gemeinsam zu fliegen. «Komm du auch mit», forderten sie die Schwalbe auf.

«Ich . . . Ich . . .» stotterte die Schwalbe. «Ach nein, lieber nicht.»

Die großen Vögel flogen gemeinsam über das Feld und stießen gemeinsam gegen die Scheibe und fielen alle drei bewußtlos zu Boden.

Moral: Zögern bewahrt manchmal vor Unheil.

Das Meer und die Küste

Zwei rundliche Geschöpfe, ein Männchen und ein Weibchen, die seit Beginn der Zeit – und das war noch gar nicht so lange her – in den Tiefen des Meeres lebten, wurden eines Tages an die Küste gespült und entdeckten auf diese Weise das Land. «Ach, das Licht! So etwas hat es noch nie gegeben!» rief das Weibchen und legte sich am Strand in die Sonne.

«Du siehst immer Dinge, die es noch nie gegeben hat», knurrte das Männchen. «Und immer willst du Dinge haben, die es noch nicht gibt.»

Während das Weibchen in der Sonne lag, regten sich in ihr vage Ahnungen. Intuitiv, aber noch sehr verschwommen sah sie das Entstehen von Dingen voraus, die irgendwann die Frauen begeistern würden: venezianische Spitzen, Taft, süß duftende Parfums und kostbarer Schmuck.

«Für so was bist du ein bißchen zu feucht», brummte das Männchen, dessen Empfindungsvermögen auf Nässe und Wellenschlag beschränkt war. «Ein bißchen zu feucht und auch zu formlos.»

«Ich brauche nur um die Taille herum etwas weniger amorph zu werden», sagte das Weibchen. «Länger als eine Million Jahre dauert das auf keinen Fall.» Und sie begann sich fast unmerklich über den Sand zu schieben, dem brau-

76

nen Gestrüpp in weiter Ferne und der Sonne entgegen. «Komm doch schon», rief sie. Aber das Männchen hatte sich von einer Welle ins Meer zurücktragen lassen und war nicht mehr zu sehen.

Ein paar Äonen später tauchte das Männchen wieder am Ufer auf, denn das Alleinsein behagte ihm nicht. Mit leiser Befriedigung stellte er fest, daß sein formloses Weibchen Formen entwickelt hatte und schon nahezu wohlgeformt war. Er wollte gerade ins Meer zurückkehren, als er irgendwo in seinem Innern einen unklaren Drang verspürte, das schwache Aufflackern eines Verlangens. Auf einmal fand er das Meer ziemlich langweilig. Er wälzte sich herum und schob sich über den Sand, hinter dem Weibchen her, das höchstens noch zweitausend Jahre brauchte, um das grünende Gebüsch zu erreichen. «He, Mag», schrie er, «warte auf deinen Kleinen!»

Moral: Laßt uns den Tatsachen fest ins Auge schauen: Nicht die Männer gehen voran, sondern immer die Frauen.

Die Wahrheit über Kröten

An einem schönen Sommerabend gerieten im Fauna-Club einige Mitglieder ins Prahlen, und zwar brüstete sich jeder mit seiner Einmaligkeit oder seinen überragenden Leistungen.

«Ich bin ein echter *ara macao*», kreischte der Papagei voller Stolz.

«Schon gut, Mac, reg dich nicht auf», sagte der Rabe, der als Mixer hinter der Theke stand.

«Ihr hättet mal den Burschen sehen sollen, dem ich entwischt bin», rief der Schwertfisch. «Der hat gut und gern seine zweihundertfünfunddreißig Pfund gewogen.»

«Wenn ich nicht wäre», ließ sich der Hahn vernehmen, «würde die Sonne nie aufgehen und die Sehnsucht der Nacht nach dem Morgen bliebe für immer ungestillt.» Er wischte sich eine Träne der Rührung ab. «Ohne mich würde kein Mensch aus dem Bett finden.»

«Und ohne mich gäbe es überhaupt keine Menschen», trumpfte der Storch auf.

«Ich sage ihnen Bescheid, wenn der Frühling kommt», zwitscherte das Rotkehlchen.

«Ich melde ihnen das Ende des Winters», rühmte sich das Murmeltier.

«Von mir erfahren sie, ob es ein kalter Winter wird», sagte die Bärenraupe.

«Wenn ein Gewitter heraufzieht, schwinge ich

immer ganz sacht hin und her», verkündete die Spinne. «Sonst würde es nämlich keinen Regen geben und die Leute hätten entsetzlich unter der Dürre zu leiden.»

Nun schaltete sich der Mäuserich ein. «Kennt ihr das Gedicht, in dem es heißt: ‹Im Hause regte sich nichts, nicht einmal eine Maus›?» fragte er und stieß dabei auf. «Na, meine Herren, dieses Mäuschen, das sich nicht regte, war niemand anders als ich.»

«Ruhe», gebot der Rabe, der inzwischen ein Schild beschriftet hatte und es nun, für alle sichtbar, über die Theke hängte. Der Text lautete: ‹Öffne beliebig viele Herzen, und du wirst ein jedes mit Eitelkeit durchtränkt finden.›

Die Mitglieder des Fauna-Clubs starrten verblüfft auf das Schild. «Damit ist bestimmt der Wolf gemeint, der behauptet, er hätte Rom gegründet», erklärte die Katze.

«Oder der große Bär, der behauptet, er bestünde aus Sternen», sagte der Mäuserich.

«Oder der goldene Adler, der behauptet, er sei durch und durch aus Gold», warf der Hahn ein.

«Oder die Schafe, die behaupten, die Menschen könnten nur einschlafen, wenn sie Schafe zählen», mutmaßte der Schwertfisch.

Jetzt erschien die Kröte an der Theke und bestellte ein Frappé: grüner Pfefferminzlikör auf Eiswürfeln und mit einem Leuchtkäfer darin.

«Mit einem Leuchtkäfer? Paß auf, das wird dir zu Kopf steigen», warnte der Mixer.

«Ach was», sagte die Kröte, «mir kann nichts zu Kopf steigen, weil ich nämlich im Kopf einen kostbaren Edelstein habe.» Die anderen Clubmitglieder sahen sie erstaunt und ungläubig an.

Der Mixer grinste. «Na, großartig, Hoppy. Dann bist du ja reich. Der reinste *Krötsus*, was?»

«Es handelt sich um einen überaus schönen Smaragd», erwiderte die Kröte kühl, fischte den Leuchtkäfer aus dem Frappé, verschluckte ihn und leerte dann das Glas auf einen Zug. «Der Stein ist nicht mit Gold zu bezahlen. Absolut unschätzbar. Bitte, noch mal das gleiche.»

Der Rabe mixte ein zweites Frappé, tat aber diesmal keinen Leuchtkäfer, sondern eine Wegschnecke hinein.

«Ich glaube nicht, daß die Kröte einen kostbaren Edelstein im Kopf hat», krächzte der Papagei.

«Natürlich hat sie einen», widersprach die Katze. «Nur jemand, der einen Smaragd im Kopf hat, kann so häßlich sein und trotzdem leben.»

«Ich wette um hundert Fische, daß sie keinen hat», sagte der Pelikan.

«Und ich wette um hundert Muscheln, daß sie doch einen hat», konterte der Austernfischer.

Die Kröte, die mittlerweile ziemlich *frappé* war, schlummerte ein, und nun überlegten die

80

Clubmitglieder, wie sie feststellen könnten, ob sich im Kopf der Kröte wirklich ein Smaragd oder irgendein anderer kostbarer Stein befand. Schließlich holten sie den Specht aus dem Hinterzimmer und erklärten ihm die Lage.

«Wenn sie kein Loch im Kopf hat, mache ich eben eins rein», sagte der Specht.

Sie konnten nichts Funkelndes, Schönes oder Kostbares in dem Krötenschädel entdecken. Der Rabe löschte das Licht, der Hahn krähte, die Sonne ging auf, und die Mitglieder des Fauna-Clubs begaben sich schweigend nach Hause und ins Bett.

Moral: Öffne beliebig viele Köpfe, und du wirst nichts finden, was funkelt, nicht einmal ein Fünkchen Verstand.

Der Schmetterling, der Marienkäfer und der Fliegenschnäpper

Ein Fliegenschnäpper, der seine Jungen mit Insekten versorgen mußte, begab sich eines Tages auf Nahrungssuche. Unterwegs kam ihm ein Marienkäfer entgegen, der es sehr eilig hatte.

«Ich weiß, daß du der schnellste aller Fliegenschnäpper bist und alles fangen kannst, was kleiner als ein Golfball ist und langsamer fliegt als der Schall», sagte der Marienkäfer. «Aber tu mir bitte nichts, denn mein Haus steht in Flammen, und meine Kinder werden elend verbrennen, wenn ich sie nicht rette.»

Der Fliegenschnäpper, der manchmal den sündigen Wunsch hegte, sein Haus mitsamt der Familie möge in Flammen aufgehen, ließ den Marienkäfer ungeschoren und wandte seine Aufmerksamkeit einem schönen Schmetterling zu.

«Steht dein Haus in Flammen, und mußt du deine Kinder vor dem Feuertod retten?» erkundigte sich der Fliegenschnäpper.

«Mit solchen weltlichen Sorgen gebe ich mich nicht ab», antwortete der Schmetterling. «Ich habe keine Kinder und auch kein Haus, denn ich bin ein Engel, wie jedermann sehen kann.» Mit einem Flügelschlagen deutete er auf die Welt ringsum. «Das ist der Himmel», sagte er.

«Den schickt uns der Himmel», riefen die jungen Fliegenschnäpper wie aus einem Schnabel,

82

als sie abends zum Nachtisch den Schmetterling bekamen.

Moral: Bevor du dich unbewaffnet im Paradies tummelst, vergewissere dich, daß du auch wirklich am richtigen Ort bist.

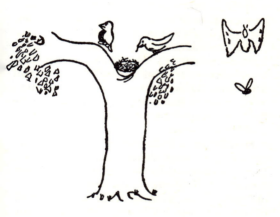

Der tollkühne Mausejunge
und die vorsichtige Katze

Den ganzen Tag ging es in Küche und Speisekammer hoch her, denn die Katze war nicht zu Hause, und die Mäuse vergnügten sich mit allerlei munteren Spielen: ‹Mäuschen, quieke mal›; ‹Ist die schwarze Katze da›; ‹Mäuschen in der Grube› und so weiter. Dann aber kam die Katze zurück.

«Vorsicht, die Katze», wisperte Vater Maus.

«Schnell, versteckt euch», befahl Mutter Maus, und alle Mäuse – mit einer Ausnahme – schlüpften hastig in die Ritzen der Wandtäfelung.

Die Ausnahme war ein etwas exzentrischer Mausejunge namens Mervyn, der einmal keck eine Bulldogge ins Ohr gezwickt hatte und mit heiler Haut davongekommen war. Er hatte nicht gewußt und es auch später nie erfahren, daß die Bulldogge ausgestopft war, und so wiegte er sich in süßen Illusionen.

Es spielt keine Rolle, wo die Katze – ihr Name war übrigens Kralletta – den Tag verbracht hatte. Jedenfalls kam sie zurück und sah mit Erstaunen, daß Mervyn in der Speisekammer saß und seelenruhig an einer Käserinde nagte. Sie näherte sich ihm auf leisen Sohlen und wußte nicht, wie ihr geschah, als er sich plötzlich umdrehte, ihr eine Käsekrume ins Auge spuckte und sie mit unglaublichen Beleidigungen überschüttete.

84

«Wer hat dich denn aus dem Sack gelassen?» erkundigte sich Mervyn kaltblütig. «Geh hier nicht um den heißen Brei herum, sondern zieh deinen Pyjama an und mach ein Schläfchen.» Mit der blasiertesten Miene von der Welt wandte er sich wieder seiner Käserinde zu.

Bleib ganz ruhig, Kralletta, ermahnte sich die Katze. Das ist bestimmt irgendein fauler Trick. Vielleicht will diese Maus den Märtyrer spielen und hat Gift geschluckt, in der Hoffnung, daß ich sie fresse und daran sterbe. Dann würde sie auf Generationen hinaus in den Augen ihrer Nachkommen als Held dastehen.

Mervyn blickte über die Schulter auf die ratlose, mißtrauische Katze und fing an, sie mit der piepsenden Stimme eines Mausekindes zu verhöhnen. «Du doßer Dott», sagte er, «die Katze ist von der Polizei, und sie hat's auf mich armes Würstchen abgesehen.» Er schlenkerte frech mit einem Bein. «Na komm, fang mich doch», forderte er Kralletta auf. Dann gab er noch einiges zum besten, unter anderem eine recht gelungene Imitation von W. C. Feldmaus.

Sachte, mein Mädchen, sagte sich Kralletta. Zweifellos ist das eine Attrappe, eine mechanische Maus mit eingebauter Stimme. Wenn ich sie anspringe, wird sie explodieren und mich in tausend Stücke zerreißen. Sind ja verflixt kluge Tiere, diese Mäuse, aber mich können sie nicht hereinlegen.

85

«Wenn du etwas Mark in den Knochen hättest, könnte man aus dir eine leckere Suppe kochen», verkündete Mervyn mit größter Frechheit. Aber trotz dieser unverzeihlichen Beleidigung schlug Kralletta nicht mit ihren Krallen zu. Statt dessen drehte sie sich um, stolzierte ins Wohnzimmer hinüber, legte sich auf ihr Kissen am Kamin und schloß die Augen.

Als Mervyn in seinem Heim, der Wandtäfelung, erschien, waren seine Eltern, seine Brüder und Schwestern, Vettern und Basen, Onkel und Tanten höchst erstaunt, ihn heil und gesund wiederzusehen. In ihres Herzens Freude veranstalteten sie ein großes Familienbankett, bei dem der allerfeinste Käse serviert wurde. «Sie hat sich nicht getraut, mir was zu tun», prahlte Mervyn. «Kein Haar hat sie mir gekrümmt. Ich könnte es mit allen Katzen in den Catskillbergen aufnehmen.» Er verputzte seinen Käse, ging zu Bett und schlief sofort ein. Im Traum schlug er eine riesige Wildkatze k. o., und zwar in der ersten Runde, eine Minute und achtundzwanzig Sekunden nach Kampfbeginn.

Moral: Narren trampeln drauflos, wo Engel kaum wagen zu schweben, aber die Engel sind sämtlich im Himmel, während die Narren fast alle noch leben.

Die Rose und das Unkraut

In einem Garten auf dem Lande blickte eine wunderschöne Rose geringschätzig auf eine Unkrautpflanze herab und sagte: «Du bist ein unwillkommener Gast, wirtschaftlich nutzlos und obendrein häßlich anzuschauen. Der Teufel muß eine Vorliebe für Unkräuter haben, sonst hätte er wohl nicht so viele geschaffen.»

Der unwillkommene Gast sah zu der Rose auf und erwiderte: «Lilien, die verfaulen, riechen viel schlechter als Unkraut, und das gilt vermutlich auch für Rosen.»

«Mein Name ist Dorothy Perkins», sagte die Rose hochmütig. «Und wie heißt du? Kratzdistel? Ferkelkraut? Kriechender Hahnenfuß? Die Unkräuter haben alle so scheußliche Namen.» Dorothy schüttelte sich vor Ekel, ohne jedoch eines ihrer hübschen Blütenblätter zu verlieren.

«Bei uns gibt es Namen, die viel klangvoller sind als Perkins, von Dorothy ganz zu schweigen. Silbergras, zum Beispiel, und Augentrost und Flachsseide.» Das Unkraut straffte sich ein wenig und fügte unerschrocken hinzu: «Überall, wo du gedeihst, gedeihe ich auch, und sogar zehnmal besser.»

«Der passende Name für dich wäre Räuberkraut», erklärte Miss Perkins verächtlich. «Du schleichst dich überall ein, wo du nicht er-

87

wünscht bist, und du nimmst dir das, was anderen gehört – den Regen, den Sonnenschein und die gute Erde.»

Das Unkraut lächelte säuerlich. «Wenigstens stamme ich nicht aus einer Familie, die an den Hausmauern hochklettert, wie gewisse Rosen.»

Dorothy richtete sich zu ihrer vollen Größe auf. «Ich möchte dich darauf hinweisen», sagte sie, «daß Rosen das Wahrzeichen des alten England sind. Wir stehen im Mittelpunkt von Liedern und Geschichten.»

«Und im Mittelpunkt eines langes Krieges», ergänzte das Unkraut. «Der Sommerwind rafft euch im Sturm hinweg, und ihr mit all eurer Schönheit seid machtlos dagegen. Ich habe das oft genug miterlebt. Nichts ist geblieben von den Rosen vergangener Jahre – sie sind gestorben und verdorben.»

«Wir werden sogar bei Shakespeare erwähnt», sagte die Rose. «In vielen seiner Stücke und an vielen Stellen. Die Verse sind zu wohlklingend für deine Ohren, aber ich will dir trotzdem ein paar rezitieren.»

Sie kam nicht mehr dazu, denn in diesem Augenblick fegte von Westen ein Sturmwind heran, dicht über dem Boden und angriffslustig wie ein Kavallerieregiment, und die schöne, hochmütige Dorothy Perkins verwandelte sich im Nu in ein Häuflein von Blütenblättern, wirtschaftlich nutzlos und obendrein häßlich anzuschauen. Das Unkraut hielt stand und bot dem Wind die Stirn, fest überzeugt, daß ihm dank seiner unbeugsamen Zähigkeit nichts geschehen könne. Aber gerade als es ein paar Blütenblätter und Blattläuse von seinen Schultern streifte, stieß die Hand des Gärtners aus der Luft herab und riß das Unkraut mitsamt den Wurzeln aus, viel schneller, als man Dorothy Perkins oder meinetwegen auch Goldkraut sagen kann.

Moral: Tout, wie die Franzosen sagen, deren Philosophie älter als unsere ist und die sich zudem sehr prägnant ausdrücken können, *tout passe.*

Die Fledermaus, die unbedingt
fort wollte

Eine Kolonie von Fledermäusen lebte schon seit tausend Generationen glücklich und zufrieden in einer großen amerikanischen Höhle. Die Tiere flogen umher oder hingen mit dem Kopf nach unten an der Decke, sie ernährten sich von Insekten und sorgten für Nachwuchs. Und dann geschah es: Ein Fledermausjüngling namens Flitter, der nachts heimlich ins Freie geflattert war und die Behausungen der Menschen besichtigt hatte, teilte seinem Vater mit, er wolle unbedingt fort – «Teufel noch eins», fügte er hinzu, um seinen Worten mehr Nachdruck zu geben. Der empörte Vater schickte Flitter zu Fleder, dem Stammvater aller Fledermäuse in der Höhle.

«Du solltest stolz darauf sein, als Fledermaus unter Fledermäusen zu leben», sagte der ehrwürdige Fleder. «Wir sind eine der ältesten Arten im Tierreich, viel älter als der Mensch, und außerdem ist die Fledermaus das einzige Säugetier, das richtig fliegen kann.»

Der unzufriedene Jüngling zeigte sich nicht im geringsten beeindruckt. «Ich möchte als Mensch unter Menschen leben», erwiderte er. «Die Menschen haben das beste Essen, den meisten Spaß und die hübschesten Weibchen.»

Diese Antwort machte den alten Fleder so wütend, daß er in der Höhle hin und her flitzte und dabei quiekende Töne ausstieß. Nach einer Weile beruhigte er sich und fuhr in seiner Rede fort. «Eines Nachts ist ein Mensch bei mir eingedrungen und hat es irgendwie fertiggebracht, mich in seine Haare zu verwickeln», berichtete er. «Das war ein grauenhaftes Erlebnis, und ganz werde ich mich davon nie erholen.»

«Wenn Menschen sterben, kommen sie in den Himmel», sagte Flitter, «aber wenn Fledermäuse sterben, sind sie tot und weiter nichts. Ich möchte nach meinem Tod in den Himmel kommen.»

Der alte Fleder brach in ein schrilles, mißmutiges Lachen aus. Er quiekte, fiepte und piepte geraume Zeit, und dann sagte er: «Dazu müßtest du eine Seele haben, und die hast du ebensowenig wie ein Molch, eine Maus oder ein Mustang. Sei froh, daß du kein Engel werden kannst, denn Engel sind nicht fähig, richtig zu fliegen. Außerdem möchte man doch in der Ewigkeit *schlafen* und nicht immerzu flügelschlagend hin und her torkeln wie eine Biene oder ein Schmetterling.»

Aber diese Worte der Weisheit waren in den Wind gesprochen: Flitter ließ sich nicht von seinem Vorhaben abbringen. Noch an demselben Abend flog er davon, in der zuversichtlichen Hoffnung, von nun an nicht mehr zu den Chiropteren zu gehören, sondern in der glücklichen Gemeinschaft der Menschen zu leben. Leider wurde er schon in der ersten Nacht aus seinen

Illusionen gerissen. Er hatte als Quartier einen großen Saal gewählt, wo er mit dem Kopf nach unten an einem Deckenbalken hing, während ein Wanderprediger, der Verfasser religiöser Bestseller, Gott den Herrn auf das Niveau der biederen Bürger herabzerrte. Platzanweiser gingen geräuschlos im Saal umher und verkauften den hingerissen lauschenden Zuhörern die Werke des Redners: *Verbrüdere dich mit dem Allmächtigen; Auch du kannst Jehovas Kumpel sein; Hast du schon eine Versicherung auf die Ewigkeit abgeschlossen?* Der Prediger rief: «Wenn ihr an der Bushaltestelle steht oder zur Arbeit fahrt oder beim Zahnarzt wartet, dann nutzt die Zeit zu einem kleinen Schwatz mit dem Herrn. Plaudert gemütlich mit ihm, wenn ihr Feierabend habt und behaglich im Sessel sitzt.»

Flitter kam zu dem Schluß, hier sei entweder die Akustik nicht in Ordnung, oder sein Gehör habe dadurch gelitten, daß er in Gegenwart der unsterblichen Menschen mit dem Kopf nach unten hing. Er flog probeweise durch den Saal, aber die englischen Sätze klangen deswegen kein bißchen anders. «Feuert den Herrn zu Höchstleistungen an!» schrie der Prediger ekstatisch. «Ermuntert ihn durch euren Beifall!» Er hob die gefalteten Hände, schwenkte sie über seinem Kopf und blickte zur Decke hinauf. «Immer drauflos, lieber Gott», brüllte er, «gib's dem Satan, aber ordentlich!»

Flitter, der bisher nie gewußt hatte, was Brechreiz ist, fühlte Übelkeit in sich aufsteigen und empfand ein dringendes Bedürfnis nach frischer Luft. Er rettete sich schleunigst ins Freie und entsagte ein für allemal dem Wunsch, ein Mitglied der Gattung *homo sapiens* zu werden, denn ihn schreckte der Gedanke, daß er mit dem Wanderprediger zusammentreffen könnte, wenn sie beide als Engel flügelschlagend durch den Himmel torkelten. Als Flitter zu den Seinen zurückkehrte, waren alle so erstaunt, ihn zu sehen, daß es ihnen die Sprache verschlug. Eine Zeitlang herrschte tiefes Schweigen in der Höhle.

«Ich bin wieder da», sagte Flitter schließlich und fügte ein leises, zaghaftes «Teufel noch eins» hinzu. Von nun an war er froh, so leben zu dürfen, wie es die Fledermäuse seit eh und je tun. Er flog umher oder hing mit dem Kopf nach unten an der Decke, er ernährte sich von Insekten und sorgte für Nachwuchs.

Moral: Wer rechtlich denkt, wird denen grollen, die Gott den Herrn verspießern wollen.

Der Löwe und die Füchse

Gerade hatte der Löwe dem Schaf, der Ziege und der Kuh auseinandergesetzt, daß der von ihnen erlegte Hirsch einzig und allein ihm gehöre, als drei Füchse erschienen und vor ihn hintraten.

«Ich nehme ein Drittel des Hirsches als Strafgebühr», sagte der erste Fuchs. «Du hast nämlich keinen Jagdschein.»

«Und ich», sagte der zweite, «nehme ein Drittel des Hirsches für deine Witwe, denn so steht es im Gesetz.»

«Ich habe gar keine Witwe», knurrte der Löwe.

«Lassen wir doch die Haarspaltereien», sagte der dritte Fuchs und nahm sich ebenfalls seinen Anteil. «Als Einkommensteuer», erklärte er. «Das schützt mich ein Jahr lang vor Hunger und Not.»

«Aber ich bin der König der Tiere», brüllte der Löwe.

«Na, dann hast du ja eine Krone und brauchst das Geweih nicht», bekam er zur Antwort, und die drei Füchse nahmen auch noch das Hirschgeweih mit.

Moral: Heutzutage ist es nicht mehr so leicht wie in früheren Zeiten, sich den Löwenanteil zu sichern.

Der junge Draufgänger

Ein wohlhabender junger Wolf, der an nichts als an sich selbst dachte, wurde eines Tages aus dem College verwiesen, weil er weder den Lehrplan noch die Vorfahrt beachtete, und daraufhin sagte er sich, er könne ja einmal versuchen, in achtzig Minuten um die Welt zu reisen.

«Das ist völlig unmöglich!» rief seine Großmutter entsetzt.

Er lachte ihr ins Gesicht und erwiderte: «Das Unmögliche macht mir den meisten Spaß.»

Sie begleitete ihn bis zur Tür des alten Wolfshauses. «Wenn du so schnell fährst, wirst du im Grab landen, bevor du deinen Leichtsinn bereuen kannst», sagte sie, aber er streckte ihr grinsend die Zunge heraus, die so lang wie ein Schlips war.

«Hör auf mit dem Altweibergeschwätz», riet er ihr und ging unbekümmert seiner Wege.

Er kaufte sich einen Blitzen Bearcat, Modell 1959, eine Kombination von Auto und Flugzeug mit Raketenantrieb, Tornadobeschleunigung, Superexplosionsmotor, garantiert blendenden Scheinwerfern, einziehbaren Tragflächen und Blitzschaltung. «Wie schnell fährt denn die Kiste, ohne daß sie in Flammen aufgeht?» fragte er den Verkäufer.

«Keine Ahnung», antwortete der Mann

«aber Ihnen traue ich zu, daß Sie's herausfinden.»

Der wohlhabende junge Wolf brach alle Geschwindigkeitsrekorde auf dem Lande und in der Luft, und auch sonst ging bei seiner Reise um die Welt so manches zu Bruch. Er begann seine Erdumrundung damit, daß er das Washington-Denkmal zum Einsturz brachte, und als er bei der Rückkehr dort ausstieg, wo es gestanden hatte, waren nur 78,5 Minuten vergangen. In der Menge, die ihn willkommen hieß – es hatten sich schätzungsweise elf Zuschauer eingefunden, und alle anderen waren angstvoll unter die Betten gekrochen –, befand sich eine junge Wölfin mit einem Geschwindigkeitsfimmel und eingebauter erotischer Sofortzündung. Der Wolf tat sich mit ihr zusammen, und die beiden stellten im Handumdrehen zahlreiche neue Rekorde auf: im Rückwärtsfahren, im einfachen, doppelten und dreifachen Salto, im Fahren mit verbundenen Augen, mit gefesselten Händen, in leicht betrunkenem, normal betrunkenem und sinnlos betrunkenem Zustand.

Eines Tages unternahmen sie den Versuch, mit hundertfünfundsiebzig Meilen Stundengeschwindigkeit von der Fifth Avenue in den Central Park einzubiegen und dabei fernzusehen und Händchen zu halten. Es gab ein fürchterliches Rasseln, Klirren, Splittern, Donnern, Tosen und Dröhnen, ein loderndes Durcheinander von

Rädern, Sternen, Gesimsen, Dächern, Baumwipfeln, Glas, Stahl und Menschen, und es schien denjenigen Zuschauern, die nicht vor Schreck einem Herzschlag erlegen waren, daß sich am Himmel große rote Portale öffneten, auf mächtigen Türangeln nach innen schwangen, ein endloses Nichts enthüllten und sich dann mit einem ohrenbetäubenden Krachen hinter den fliegenden, flammenden Wölfen schlossen. Anscheinend hatten die Pforten der Hölle, von denen es in der Bibel heißt, daß sie uns nicht überwältigen sollen, zumindest diese beiden Geschwindigkeitsfanatiker überwältigt.

Moral: Zwar kann keiner von uns sein Ende voraussehen, aber mit Sicherheit steht fest, daß Draufgänger draufgehen.

Der Blausänger und sein Bruder

Blausänger sind amerikanische Vögel, und deshalb hatten die beiden Blausänger-Brüder, um die es hier geht, amerikanische Namen. Der eine wurde Pearl gerufen, was soviel wie Perle bedeutet, und den anderen nannte man Pea, auf deutsch also Erbse. Der Grund dafür war, daß sie, genau wie eine Perle und eine Erbse, die äußere Gestalt, aber sonst gar nichts miteinander gemein hatten. Pearl war munter und unbekümmert, Pea trübsinnig und bekümmert.

«Ich liebe die Liebe, und ich liebe das Leben», sang der fröhliche Vogel.

«Ich fürchte mich vor den Weibchen und vor dem Fliegen», sang der traurige Vogel.

Pearl prunkte mit seinem Gefieder wie mit einer schönen blauen Fahne, und sein Lied klang wie ein kecker Rebellenschrei. Jeden Winter flog er allein nach Süden, und wenn er im Frühling zurückkam, brachte er jedesmal ein anderes Weibchen mit. Seine heitere Lebensphilosophie verhinderte, daß er Angstpsychosen oder Schuldkomplexe entwickelte, und er war in seinem Wesen so ausgeglichen, wie man es nur selten bei Vogelmännchen und noch seltener bei männlichen Menschen findet. Es kümmerte ihn nicht, daß einige seiner Töchter gleichzeitig seine Nichten waren, die Kinder einer Schwester von ihm.

Er saß behaglich in Akazien, Kirschbäumen oder Fliederbüschen, sang aus vollem Halse und schlief nachts den Schlaf des Gerechten. Nach wie vor flog er jeden Winter allein nach Süden, und wenn er im Frühling zurückkam, brachte er jedesmal ein anderes Weibchen mit. Es kümmerte ihn nicht, daß einige seiner Enkel gleichzeitig seine Großneffen waren, die Enkel einer Schwester von ihm.

Im Sommer, um die Stunde des Sonnenuntergangs, schwang sich der fröhliche Vogel in die Luft, höher als die Lerche oder die Wildgans, und er stellte erfreut fest, daß die Farbe des Himmels genau der seines Federkleides entsprach: blau mit einer Spur Rot darin.

Sein Bruder, der traurige Blausänger, flog im Winter allein nach Süden und kam im Frühling allein zurück, und er stieg niemals höher in die Luft, als man ein Sofa werfen kann. In der Blüte seiner Jahre wurde er von Platzangst befallen, und fortan lebte er unter der Erde, sehr zum Erstaunen der Frösche, Füchse, Maulwürfe, Ratten, Grillen und Kröten und zum größten Entsetzen des Hundes, der ihn eines Tages ausgrub, als er einen Knochen verscharren wollte, und der ihn sofort wieder eingrub. Es war eine Beerdigung ohne Zeremoniell und ohne Betrübnis.

Moral: Es ist gefährlicher, sich das Leben vom Leibe zu halten, als sich ihm hinzugeben.

Die Kleidermotte und der Mondfalter

In einem Garderobenschrank lebte eine männliche Kleidermotte, die nie etwas anderes getan oder zu tun gewünscht hatte, als Wolle und Pelz zu fressen. Eines Tages flog sie in der Dämmerstunde aus ihrem Schrank und sah an der Außenseite des Fensters einen hübschen Mondfalter, ein Weibchen in einem bezaubernden Abendkleid. Die Falterdame flatterte immer wieder gegen die Glasscheibe, graziös wie ein Blatt, das im Herbst durch die Luft wirbelt. Was sie anlockte, war die Flamme einer im Zimmer brennenden Kerze, aber das Mottenmännchen bildete sich ein, sie mache ihm Zeichen, und er empfand ein heftiges Verlangen nach ihr.

«Du mußt die Meine werden», rief er.

Die Falterdame lachte, und das klang, als läuteten im Feenland silberne Glöckchen.

«Geh und friß Löcher in ein Leichentuch», sagte sie hochmütig. «Du bist ebenso ordinär wie eine Kornmotte oder eine Tapetenmotte, und dein Aussehen gefällt mir überhaupt nicht.»

«Wenn du bei mir bleibst, bekommst du die leckersten Sachen zu essen», versprach das Mottenmännchen. «Pullover und Stolen aus reiner Wolle . . .»

«Mit deinen kümmerlichen Flügeln kannst du ja nicht mal richtig fliegen oder flattern», unter-

100

brach ihn die Falterdame und versuchte von neuem, durch die Fensterscheibe hindurch zu dem Stern auf dem Kaminsims zu gelangen.

«... und Hochzeitskleider und Frackanzüge und einen Nerzmantel», keuchte das Mottenmännchen, und wieder klang das Lachen des Mondfalterweibchens wie das Geläut silberner Glocken im Feenland.

«Ich lebe vom Dämmerlicht und von den Sternen», erklärte sie.

«Es war Liebe auf den ersten Flügelschlag», beteuerte er.

Die zarte, melodische Stimme seiner Angebeteten wurde scharf. «Du bist ein Schädling, der letzte Dreck, das Gewöhnlichste vom Gewöhnlichen.»

Für eine wohlerzogene Falterdame waren das recht unpassende Ausdrücke, aber die Leidenschaft des Mottenmännchens wurde dadurch nicht im geringsten gedämpft.

«Ich weiß, daß du mit einem Flügel im Grabe stehst», erwiderte er. «Ich weiß, daß deine Tage gezählt sind, und deshalb mußt du so bald wie möglich die Meine werden. Auch wenn es nur für kurze Zeit ist, ich will mich an deiner Schönheit erfreuen.»

Nun redete die schöne Falterdame schmeichlerisch auf ihren Bewunderer ein, er solle das Fenster öffnen. Natürlich verriet sie ihm nicht, daß es ihr nur darum ging, an die lockende Flamme auf dem Kaminsims heranzukommen. Sie tat so, als sei sie bereit, das reizlose graue Mottenmännchen zu erhören, und er, von heißem Verlangen getrieben, flog wieder und wieder gegen die Fensterscheibe, bis schließlich ein Stückchen Glas heraussplitterte. Dann fiel er tot zu Boden, mit zerschmettertem Kopf und gebrochenen Flügeln. Der schöne Falter, dessen Verlangen nach dem Stern ewig unvergessen bleiben wird, flog rasch und anmutig auf die Kerze zu und stürzte sich in die Flamme. Es gab ein leises Zischen, als wäre eine brennende Zigarette in eine Tasse Kaffee gefallen.

Moral: Liebe ist blind, während Verlangen zwar Augen hat, sich aber den Teufel darum schert.

Die Liebesleute

Ein arroganter Graupapagei und seine arrogante Gemahlin lauschten eines Nachmittags, irgendwo in Afrika, mit spöttischer Geringschätzung dem Turteln zweier Liebesleute, bei denen es sich keineswegs um Turteltauben, sondern um Flußpferde handelte.

«Er nennt sie Schnuckelchen», sagte Frau Grau. «Ist denn das zu glauben?»

«Nein», antwortete Herr Grau. «Er muß den Verstand verloren haben, sonst könnte er sich nicht mit einem Mädchen abgeben, das eine Figur wie eine umgestülpte Badewanne hat.»

«Umgestülpte Badewanne – das ist der richtige Ausdruck!» rief Frau Grau. «Die beiden sind so attraktiv wie ein Küstendampfer, der mit völlig durchweichten Basketbällen beladen ist.»

Aber es war Frühling, und die Liebesleute waren jung. Ohne sich um die hämischen Bemerkungen ihrer scharfzüngigen Nachbarn zu kümmern, wälzten sie sich vergnügt im Wasser, knufften und pufften einander, tauchten unter und wieder auf, schnauften und prusteten. Die zärtlichen Worte, mit denen diese Monolithen ihre Liebesspiele begleiteten, erschienen ihnen so poetisch wie knospende Blumen oder sprießendes Grün. Herr und Frau Grau hingegen fanden die schwerfällige Balgerei der beiden Verliebten em-

103

pörend und sogar anstößig, und sie erwogen, ob
sie den ASD, den Afrikanischen Sicherheits-
dienst, alarmieren sollten. Wenn zwei so riesige, plumpe Geschöpfe, die schon längst anständige
Fossilien hätten werden müssen, derart unge-
niert ihre Gefühle zur Schau stellten, dann ge-
fährdeten sie damit möglicherweise die Sicherheit des Dschungels. Bei näherer Überlegung
hielten die Graus es jedoch für besser, nicht den
ASD, sondern ihre Freunde und Nachbarn an-
zurufen. Sie erzählten ausführlich von dem
schamlosen Treiben der Flußpferde, machten
sich über die beiden lustig und erfanden die un-
geheuerlichsten Vergleiche – schleudernde Auto-
busse auf vereisten Straßen, zum Beispiel, und
umgekippte Möbelwagen.

Am späten Abend desselben Tages hörten die
Flußpferde mit Überraschung und Entsetzen, wie
sich die Graupapageien in Zärtlichkeiten ergin-
gen. «Dieses Gekrächze ist ja geradezu wider-
lich», schnaufte das männliche Flußpferd.

Seine Gefährtin schüttelte sich. «Ich möchte
bloß wissen, was sie aneinander finden.»

«Da könnte man ja ebensogut mit einer unge-
ölten Heckenschere zusammen leben», sagte das
männliche Flußpferd.

Sie riefen ihre Freunde und Nachbarn an und
erörterten mit ihnen die unglaubliche Tatsache,
daß Graupapageien in Liebe zueinander ent-
brennen können. Erst lange nach Mitternacht

hörten die Flußpferde auf, sich über Herrn und Frau Grau zu entrüsten. Sie schliefen ein, zur gleichen Zeit wie die Graus, die es mittlerweile auch müde geworden waren, über die Flußpferde zu lästern.

Moral: Lache, und die Welt lacht mit dir; liebe, und du stehst mit deiner Liebe allein.

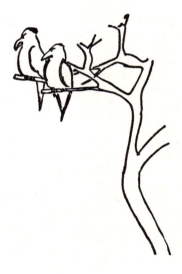

Der Fuchs und der Rabe

Der Anblick eines Raben, der auf einem Baum saß, und der Geruch des Käses, den er im Schnabel hatte, erregten die Aufmerksamkeit eines Fuchses. «Wenn du ebenso schön singst, wie du aussiehst», sagte er, «dann bist du der beste Sänger, den ich je erspäht und gewittert habe.» Der Fuchs hatte irgendwo gelesen – und nicht nur einmal, sondern bei den verschiedensten Dichtern –, daß ein Rabe mit Käse im Schnabel sofort den Käse fallen läßt und zu singen beginnt, wenn man seine Stimme lobt. Für diesen besonderen Fall und diesen besonderen Raben traf das jedoch nicht zu.

«Man nennt dich schlau, und man nennt dich verrückt», sagte der Rabe, nachdem er den Käse vorsichtig mit den Krallen seines rechten Fußes aus dem Schnabel genommen hatte. «Aber mir scheint, du bist zu allem Überfluß auch noch kurzsichtig. Singvögel tragen bunte Hüte und farbenprächtige Jacken und helle Westen, und von ihnen gehen zwölf aufs Dutzend. Ich dagegen trage Schwarz und bin absolut einmalig.»

«Ganz gewiß bist du einmalig», erwiderte der Fuchs, der zwar schlau, aber weder verrückt noch kurzsichtig war. «Bei näherer Betrachtung erkenne ich in dir den berühmtesten und talentiertesten aller Vögel, und ich würde dich gar zu gern von dir erzählen hören. Leider bin ich hungrig und kann mich daher nicht länger hier aufhalten.»

«Bleib doch noch ein Weilchen», bat der Rabe. «Ich gebe dir auch etwas von meinem Essen ab.» Damit warf er dem listigen Fuchs den Löwenanteil vom Käse zu und fing an, von sich zu erzählen. «Ich bin der Held vieler Märchen und Sagen», prahlte er, «und ich gelte als Vogel der Weisheit. Ich bin der Pionier der Luftfahrt, ich bin der größte Kartograph. Und was das Wichtigste ist, alle Wissenschaftler und Gelehrten, Ingenieure und Mathematiker wissen, daß meine Fluglinie die kürzeste Entfernung zwischen zwei Punkten ist. Zwischen beliebigen zwei Punkten», fügte er stolz hinzu.

«Oh, zweifellos zwischen allen Punkten», sagte der Fuchs höflich. «Und vielen Dank für das Opfer, das du gebracht, indem du mir den Löwenanteil vermacht.» Gesättigt lief er davon, während der hungrige Rabe einsam und verlassen auf dem Baum zurückblieb.

Moral: Was wir heut wissen, wußten schon Äsop und La Fontaine: Wenn du dich selbst lobst, klingt's erst richtig schön.

Variationen über das Thema
Fuchs und Rabe

1

Von einem lieblichen Duft angelockt, ging ein Fuchs immer der Nase nach und kam zu einem Baum, auf dem ein Rabe mit einem Stück Käse im Schnabel saß. «Käse?» sagte der Fuchs verächtlich. «Das ist ja Mäusefutter.»

Der Rabe hob die Krallen und nahm den Käse aus dem Schnabel. «Du verabscheust immer das, was du nicht haben kannst», bemerkte er. «Trauben zum Beispiel.»

«Trauben sind etwas für Vögel», erwiderte der Fuchs sehr von oben herab. «Ich bin ein Epikureer, ein Gourmet, ein Gastronom.»

Der Rabe schämte sich, daß ein so großer Feinschmecker ihn Mäusefutter essen sah, und in seiner Verlegenheit ließ er den Käse fallen. Der Fuchs schnappte den Bissen geschickt auf, verschlang ihn mit Behagen, sagte höflich *merci* und trollte sich.

2

Ein Fuchs hatte all seine Überredungskünste spielen lassen, ohne daß es ihm gelungen war, den Raben auf dem Baum mit schmeichlerischen Reden dahin zu bringen, daß er den Schnabel öffnete, in dem er ein Stück Käse hatte. Plötzlich aber plumpste der Käse vor dem erstaunten

108

Fuchs ins Gras, und gleich darauf erschien der
Bauer, aus dessen Küche der Rabe den Leckerbissen gestohlen hatte. Er trug ein Gewehr in der
Hand und hielt Ausschau nach dem Räuber. Der
Fuchs machte schleunigst kehrt und flüchtete in
den Wald. «Da rennt er, der diebische Sohn einer
Füchsin!» rief der Rabe, der – wie vielleicht nicht
allgemein bekannt ist – aus größerer Entfernung
als sonst jemand das Glitzern eines Gewehrlaufs
im Sonnenlicht sehen kann.

3

Diesmal war der Fuchs entschlossen, den Raben
gründlich hereinzulegen. Er blieb seelenruhig stehen, als der Bauer mit einem Gewehr erschien
und Ausschau nach dem Räuber hielt.

«Die Zahnabdrücke in dem Käse sind meine»,
sagte der Fuchs, «aber die Schnabelabdrücke
stammen von dem wahren Schuldigen dort oben
im Baum. Ich überreiche hiermit ergebenst Be-
weisstück A, nämlich den Käse, und wünsche
Ihnen sowie dem Übeltäter einen wunderschönen
guten Tag.» Damit zündete er sich eine Zigarette
an und schlenderte davon.

4

Der ehrwürdigen Tradition folgend, ließ sich
der Rabe, der mit einem Stück Käse im Schnabel
auf dem Baum saß, zum Singen überreden, und
sogleich fiel der Käse dem Fuchs vor die Füße.

«Du singst wie eine rostige Säge», sagte der Fuchs grinsend, aber der Rabe tat, als hätte er nichts gehört. «Schnell», rief er, «gibt mir den Käse zurück! Dort hinten kommt der Bauer mit seinem Gewehr!»

«Warum soll ich dir denn den Käse zurückgeben?» fragte der schlaue Fuchs.

«Weil der Bauer auf den schießen wird, der den Käse hat, und ich kann ihm leichter entwischen als du.»

In seiner Angst warf der Fuchs den Käse zu dem Raben hinauf. Der schwarze Vogel verzehrte ihn mit Genuß und sagte: «Du meine Güte, entweder spielen meine Augen mir einen Streich, oder ich spiele dir einen Streich. Welche Möglichkeit hältst du für wahrscheinlicher?» Er bekam keine Antwort, denn der Fuchs hatte sich still und heimlich davongeschlichen.

Die Bären und die Affen

In einem tiefen Wald lebten viele Bären. Den Winter verschliefen sie, aber wenn Sommer war, spielten sie Bärspringen oder stahlen Honig und Kuchenbrot aus nahe gelegenen Bauernhütten. Eines Tages tauchte ein Affe namens Glib bei ihnen auf, der wie ein Wasserfall redete und ihnen mitteilte, daß ihre Lebensweise falsch und für Bären schädlich sei. «Ihr denkt immer nur an Spiel und Spaß, Honig und Kuchenbrot», rief er. «Sklaven eurer Vergnügungssucht seid ihr, und sonst gar nichts.»

Die Bären waren stark beeindruckt, und sie spitzten erschrocken die Ohren, als Glib hinzufügte: «Daß ihr so geworden seid, ist die Schuld eurer Vorfahren.» Glib war der redegewandteste Affe, den die Bären je erlebt hatten, und er sprach so flink, so überzeugend, daß sie glaubten, er wisse viel mehr als sie oder irgendein anderes lebendes Wesen. Kaum aber war er weitergezogen, um andere Tiere über das Schädliche *ihrer* Lebensweise aufzuklären, da überließen sich die Bären wieder ungehemmt ihrem Spiel und Spaß, vergnügten sich mit Bärspringen oder stahlen Honig und Kuchenbrot.

Der moralische Verfall schärfte ihre Sehkraft, machte sie leichtherzig und schnellfüßig, und so lebten sie auf Bärenart munter in den Tag hinein, bis zwei Nachfolger von Glib bei ihnen auftauchten, nämlich der Affe Sag und der Affe Tu. Diese beiden waren noch redegewandter als Glib. Sie brachten den Bären viele Geschenke mit und lächelten unentwegt. «Wir sind gekommen, um euch von der Freiheit zu befreien», sagten sie. «Dies ist die Neue Befreiung, und da wir zu zweit sind, ist sie doppelt so gut wie die alte.»

Jeder Bär mußte von nun an ein Halsband tragen, und alle Halsbänder waren durch Ketten miteinander verbunden. Der Affe Tu zog einen Ring durch die Nase des Leitbären und befestigte an dem Ring eine Kette. «Jetzt steht es euch frei, alles zu tun, wozu ich euch auffordere», verkündete er. Und der Affe Sag erklärte: «Jetzt steht es euch frei, alles zu sagen, was ich von euch hören möchte. Wir ersparen euch die Mühe, eure Führer zu wählen und bewahren euch damit vor der Gefahr eines Mißgriffs. Geheime Wahlen gibt es nicht mehr, denn hier braucht niemand das Licht der Öffentlichkeit zu scheuen.»

Jahrelang lebten die Bären im Zeichen der Neuen Befreiung und schrien im Chor den Spruch, den die Affen sie gelehrt hatten: «Warum auf eigenen Füßen stehen, wenn du auf unseren sehr viel bequemer stehst?»

Eines Tages aber sprengten sie die Ketten ihrer neuen Freiheit, liefen zurück in den tiefen Wald und nahmen ihr früheres Leben wieder auf: Sie spielten Bärspringen oder stahlen Honig und Kuchenbrot aus nahe gelegenen Bauernhütten. Ihr fröhliches Lachen schallte weithin durch den Wald, und die Vögel, deren Lieder seit langem verstummt waren, begannen von neuem zu singen, und alle Laute auf Erden klangen wie Musik.

Moral: Der Ring in deiner Nase wird dir nicht helfen, die Freiheit zu erringen.

Der Vater und sein Töchterchen

Ein kleines Mädchen bekam zum siebenten Geburtstag sehr viele Bilderbücher, und ihr Vater – er hätte sich lieber ums Geldverdienen kümmern und alles andere seiner Frau überlassen sollen – vertrat die Ansicht, seine Tochter könne ruhig zwei oder drei von den neuen Büchern an einen Nachbarsjungen namens Robert verschenken, den der Zufall oder vielleicht die Habgier gerade an diesem Tag ins Haus geführt hatte.

Ein kleines Mädchen zu überreden, daß es Bücher oder sonst etwas hergibt, ist ebenso schwierig, wie einem Araber seine Waffen oder einem Säugling den Schnuller zu entreißen, aber der Vater setzte seinen Kopf durch, und Robert ging mit zwei Bilderbüchern fort. «Dir bleiben ja immer noch neun», sagte der Vater, der sich für einen großen Philosophen und Kinderpsychologen hielt und es einfach nicht fertigbrachte, solche blöden Reden zu unterlassen.

Einige Wochen später ging der Vater in seine Bibliothek, um im Lexikon das Wort Vater nachzuschlagen und sich an den Lobeshymnen zu ergötzen, die im Laufe der Jahrhunderte auf die Vaterschaft gesungen worden sind. Aber er suchte vergebens nach dem Band V–Z, und dann entdeckte er, daß auch die Bände A–B, F–G und L–M fehlten. Er stellte mit allen Mitgliedern seines Haushalts ein strenges Verhör an und fand bald heraus, was es mit den fehlenden vier Bänden auf sich hatte.

«Heute morgen hat ein Mann an der Haustür geklingelt», berichtete sein Töchterchen. «Er wußte nicht, wie man von hier nach Torrington und von Torrington nach Winsted kommt, und weil er so nett war, viel netter als Robert, habe ich ihm vier von deinen Büchern geschenkt. Das Lexikon besteht ja aus dreizehn Bänden, also bleiben dir immer noch neun.»

Moral: Was du nicht willst, daß man dir tu, das füg auch keinem andern zu.

Die Katze im Rettungsboot

Ein Kater namens William bekam eine Stellung als Mäusefänger bei einer Tageszeitung und entdeckte zu seinem Erstaunen, daß alle anderen Katzen im Haus entweder Hinz oder Kunz hießen. Er war sogar, wie er bald herausfand, der einzige Kater in der Stadt, der den Namen William führte. Diese Tatsache machte ihn ungeheuer stolz, und er hielt sich für etwas ganz Besonderes. Sooft er den Namen William hörte oder las, bezog er ihn auf sich, und er war überzeugt, daß man Wörter wie ‹willkommen› oder ‹Willkür› nur ihm zu Ehren mit der Silbe Will ausgestattet habe. Ja, er ging so weit, sich einzubilden, die richtige Schreibweise von Cadillac sei Katzillac und die Hersteller des Wagens hätten dabei an ihn gedacht.

William verspann sich derart in diese Träume, daß er seine Pflichten gröblich vernachlässigte, immer weniger Mäuse fing und sich zum Nichtstuer und Taugenichts entwickelte.

«Du bist fristlos entlassen», teilte ihm der Chef eines Morgens mit, als er ihn wieder einmal beim Träumen ertappte.

«Gott wird schon für mich sorgen», meinte William unbekümmert.

«Sogar der Sperling auf dem Dach ist in Gottes Hand», sagte der Chef salbungsvoll.

116

«Oder in meiner», murmelte William.

Die Frau, zu der William nun übersiedelte, war eine Katzennärrin. Sie hatte bereits neunzehn Katzen, aber keines der Tiere vertrug sich mit William. Seine Ichbezogenheit und seine Lügenmärchen von Heldentaten, Ehrungen, blauen Bändern, Silberpokalen und Medaillen gingen den anderen so auf die Nerven, daß sie die Wohnung der Frau verließen und fortan glücklich und zufrieden in Schuppen oder Scheunen lebten. Die Katzennärrin änderte ihr Testament und setzte William zum Alleinerben ein. Er fand das ganz natürlich, denn ein Letzter *Wille* konnte sich ja nur auf William, also auf ihn beziehen. «Ich bin zweieinhalb Meter groß», prahlte er eines Tages, und seine Gönnerin sagte lächelnd: «Ja, so wird's wohl sein, und ich will dich auf eine Weltreise mitnehmen, damit alle Leute dich bewundern können.»

An einem bitterkalten Märztag begaben sich William und seine Herrin an Bord des Dampfers *Forlorna*. Kaum war das Schiff in See gestochen, als ein schweres Unwetter heraufzog. Der Sturm heulte, die Wellen gingen haushoch. Um Mitternacht geriet die Ladung ins Rutschen, und das Schiff bekam starke Schlagseite. SOS-Rufe schwirrten durch den Äther, Raketen stiegen in die Luft, und die Offiziere liefen aufgeregt von einer Kabine zur anderen. «Alle Mann in die Boote!» schrien sie. Und dann ertönte ein Ruf,

117

der in Williams Ohren genau den Wortlaut hatte, den der selbstsüchtige Kater zu hören erwar-
tete: «William und Frauen zuerst!» In dem festen Glauben, man werde ihm einen Platz im
Rettungsboot reservieren, zog William gemäch-
lich seinen Frack an, band die weiße Krawatte
um und schlenderte dann an Deck. Geschmeidig
sprang er in ein Boot, das gerade zu Wasser gelassen wurde. Die anderen Insassen waren
Frauen und Kinder, unter ihnen zwei kleine
Jungen namens Johnny Green und Tommy Trout
und die Mütter der beiden. «Schmeißt die Katze
über Bord!» rief der Matrose, der für das Rettungsboot verantwortlich war. Von Johnny
Greens Hand geworfen, flog William ins Wasser,
aber Tommy Trout griff rasch zu und zog ihn
heraus.

«Gib mir das Vieh mal her», sagte der Matrose, nahm William in seine große rechte Hand
und schleuderte ihn wie einen Ball, den er einem
unsichtbaren Partner zuspielen wollte, in hohem
Bogen durch die Luft. Etwa vierzig Meter vom
Boot entfernt klatschte William ins Meer.

Als er zu sich kam, war er in dem eiskalten
Wasser bereits vierundzwanzigmal untergegangen und hatte dabei acht von den neun Leben
verloren, die eine Katze bekanntlich besitzt. Mit
dem letzten Leben und mit letzter Kraft
schwamm er, schwamm und schwamm, bis er
endlich das unwirtliche Ufer einer reizlosen Insel

erreichte, die von mürrischen Tigern, Löwen und anderen großen Katzentieren bewohnt war. Als William naß und keuchend auf dem Sand lag, näherten sich ihm ein Jaguar und ein Luchs und fragten, wer er sei und woher er komme. Aber ach, Williams furchtbare Erlebnisse im Rettungsboot und im Meer hatten einen traumatischen Gedächtnisverlust bewirkt, so daß er sich nicht erinnern konnte, wer er war und woher er kam.

«Wir werden ihn Niemand nennen», entschied der Jaguar.

«Ja», sagte der Luchs. «Niemand von Nirgendwoher.»

William blieb auf der Insel und lebte inmitten der großen Katzentiere, bis er auch sein neuntes Leben verlor, und zwar bei einer Wirtshausschlägerei mit einem jungen Panther, dem er auf die Frage, wer er sei und woher er komme, eine so unbefriedigende Antwort gegeben hatte, daß der andere an eine Beleidigung glaubte.

Die großen Katzen begruben William, setzten ihm aber keinen Grabstein, denn der Jaguar sagte sehr richtig: «Was nützt ein Stein mit der Aufschrift: ‹Hier ruht Niemand von Nirgendwoher.›»

Moral: Ganz sinnlos ist's, o Sterblicher, bei deinem kurzen Erdenwallen in Eitelkeit und Stolz und Hochmut zu verfallen.

Die Indifferente und die Betriebsame

Eine betriebsame Kaninchenhäsin, die sich mit Vorliebe um fremde Angelegenheiten kümmerte, war weit und breit als ‹diese dicke, neugierige Belgierin› bekannt. Jedes Geräusch, das aus den Nachbarwohnungen drang, ließ sie aufhorchen. «Du bestehst ja nur aus Ohren», knurrte ihr Mann eines Tages. «Gewöhne dir doch um Himmels willen ein bißchen *laissez-faire* an.» Er bekam keine Antwort, denn die Häsin war schon fortgeeilt, um ihrer Nachbarin die Leviten zu lesen, einer Meerschweinchenfrau, die hundertdreiundsiebzig Junge in die Welt gesetzt hatte und dann gleichgültig gegen alles geworden war. Sie ließ ihren Haushalt verkommen und interessierte sich nur noch für die *Wahren Meerschweingeschichten*, bei deren Lektüre sie Tränen der Rührung vergoß.

«Denken Sie denn überhaupt nicht an Ihre Bürgerpflichten?» fragte die Häsin. «Warum kümmern Sie sich nicht um das, was im Bezirk, im Staat, in der Welt vor sich geht? Nehmen Sie sich ein Beispiel an mir. Es gibt wohl kaum einen Verein, in dem ich nicht den Vorsitz führe, und ich bin die Gründerin des ‹Lauscherpostens›, einer Frauenorganisation, deren achthundert Mitglieder ständig die Ohren spitzen.»

Das männliche Meerschweinchen, das im Nebenzimmer faul und behaglich auf einem Salatblatt lag, wollte sich vor der neugierigen Nachbarin verstecken, aber sie kam zu ihm hereingehoppelt, bevor er sein grünes Bett verlassen konnte.

«Das habe ich gern», rief sie spöttisch. «Ein großer, kräftiger Mann wie Sie liegt zu Hause herum, statt sich einem Laboratorium zur Verfügung zu stellen. Wie sollen denn die Ärzte herausfinden, ob ein neues Serum tödlich ist oder nicht?» Die Zähne des Hausherrn begannen zu klappern, und wenn die Zähne eines männlichen Meerschweinchens klappern, dann ist das nicht etwa ein Zeichen von Angst, sondern von Wut. Aber der betriebsamen Belgierin war es egal, was irgend jemand empfand, sie selbst natürlich ausgenommen. «Sie und Ihre Frau sollten dem Fortschritt dienen und für die Gemeinschaft arbeiten», rief sie pathetisch. «Legen Sie sich ins Zeug, schützen Sie keine Müdigkeit vor, seien Sie immer auf dem Sprung, gehen Sie allen Schwierigkeiten kühn zu Leibe!»

Im Laufe der nächsten Wochen entwickelte das weibliche Meerschweinchen einen Schuldkomplex, der sich in einem ungeheuren Tätigkeitsdrang äußerte. Statt die *Wahren Meerschweingeschichten* zu lesen, jagte sie ihren Mann von seinem eßbaren Lager, schaffte Ordnung im Haus und trat vierundzwanzig rührigen Organisationen bei. Man sagte ihr nach, sie könne alle

Frauen in Trab bringen, auch solche, die gar keine Lust zum Traben hatten. Sie wurde Präsidentin des Komitees für gesunden Nachwuchs, Schriftführerin des Vereins zur Förderung der männlichen Entschlußkraft, Kassenwart einer Liga, deren Ziel es war, Ehemänner vom Bummeln abzuhalten, und sie erfand auch das Schlagwort: ‹Übertrage deine Energie auf ihn, und er wird in der halben Zeit das Doppelte schaffen.› Zu guter Letzt wurde sie sogar Landesvorsitzende der ‹Töchter ehrgeiziger Nagetiere›.

Neben all diesen Tätigkeiten fand die nunmehr berühmte Meerschweinchendame noch Zeit, weitere siebenunddreißig Junge zu werfen, und das waren genau siebenunddreißig mehr, als ihr Mann sich gewünscht hatte. Die Verzweiflung trieb ihn ins Wirtshaus, und dort traf er den Mann der dicken Belgierin, der ebenfalls die Flucht ergriffen hatte, weil er die Betriebsamkeit seiner Frau, ihr ständiges Schnüffeln, Anspornen und Kritisieren nicht länger ertragen konnte. Die beiden Männer verbrachten ohne ihre Frauen einen so friedlichen, ungestörten Tag, daß sie beschlossen, auch in Zukunft zusammenzubleiben. Abgesandte von sechsundneunzig Organisationen – es handelte sich um die zweiundsiebzig Vereine, denen die Kaninchenfrau angehörte, und die vierundzwanzig, in denen die Meerschweinchenfrau tätig war – redeten ihnen ver-

122

gebens in Gewissen. Eines Abends, während die Frauen im Club diskutierten (das Thema lautete ‹Er könnte schon, wenn er nur wollte, aber er ist einfach zu faul›), verschwanden die beiden Männer ohne mündlichen oder schriftlichen Abschiedsgruß und ohne anzugeben, wohin die Post nachgeschickt werden sollte. Ihr Plan war, in Tahiti Vergessen zu suchen, aber lange bevor sie Tahiti erreichten, hatten sie bereits Vergessen gefunden.

Moral: Du sollst weder deines Nächsten Weib bekehren noch deines Nächsten Behaglichkeit stören.

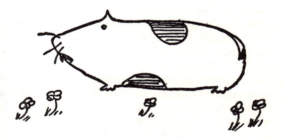

Der Mensch und der Dinosaurier

Vor vielen Jahrtausenden streifte der Mensch – der erste und einzige seiner Art – durch das Ödland der Zeit und die Wildnis des Raumes und sah sich plötzlich einem Dinosaurier gegenüber, der weder der erste noch der einzige seiner Art war. Lange, lange standen die beiden wie versteinert da und maßen einander mit aufmerksamen, mißtrauischen Blicken. Eine innere Stimme flüsterte dem Dinosaurier zu, daß dieses fremde Geschöpf die künftige Welt mit Glanz und Schrecken erfüllen werde, und ihm war, als wittere er in der stillen Luft des jungen Planeten den schwachen Geruch des eigenen unvermeidlichen Unterganges.

«Grüß dich, du Dummkopf», sagte der Mensch. «Erblicke in mir den kunstvoll gegliederten Erbauer der Zukunft, den Erwählten, den mit Sicherheit Überlebenden, den Unzerstörbaren, denjenigen, der alles beherrscht, so weit dein Auge reicht – und natürlich auch das Auge sämtlicher anderer Geschöpfe, wie ich hinzufügen möchte. Du hingegen bist, so seltsam das angesichts deines Körperbaus klingt, ein unbedeutendes und vergängliches Wesen. Eines der frühen Experimente des Herrgotts, über die man nur lächeln kann, eine winzige Fußnote zur Naturgeschichte, ein komisches Museumsstück, das

124

künftige Menschen bestaunen werden, ein prächtiges Beispiel für Jehovas unreife Jugendschöpfungen.»

Der Dinosaurier stieß einen Seufzer aus, der sich wie Donnergrollen anhörte.

«Dich und deinesgleichen zu verewigen», fuhr der Mensch fort, «wäre töricht und sinnlos.»

«Das *missing link* ist nicht verlorengegangen», sagte der Dinosaurier traurig. «Es liegt irgendwo versteckt.»

Der Mensch sprach unbeirrt weiter. «Wenn es keinen Menschen gäbe, müßte er unverzüglich geschaffen werden, denn Gott, dessen Walten ebenso unerforschlich wie unzulänglich ist, braucht dringend Hilfe. Der Mensch wird alles überdauern, du aber wirst das Schicksal des Mammuts und des Mastodons teilen, weil Monstrositäten nun einmal nicht lebensfähig sind.»

«Aussterben ist noch nicht das Schlimmste», erwiderte der Dinosaurier gereizt. «Ich möchte jedenfalls lieber tot sein als in deiner Haut stekken.»

Der Mensch trat einen Schritt vor und straffte seine Muskeln. «Du kannst nicht einmal einen Mord begehen», sagte er, «denn zum Morden braucht man Verstand. Dinosaurier niedermetzeln, das ist das einzige, wozu ihr fähig seid, du und deinesgleichen. Ihr bringt es nicht fertig, immer neue und wirksamere Methoden zu ersinnen, mit deren Hilfe ihr eure Art ausrotten könnt, und gleichzeitig die wunderbarsten Erfindungen zu machen, die euch vor diesem Schicksal bewahren. Du wirst von der Erde verschwinden, ohne zu erfahren, was es mit dem Zweiparteiensystem, dem Mehrparteiensystem und dem Einheitsparteisystem auf sich hat. Du wirst längst ausgestorben sein, wenn ich diese Welt zur besten aller möglichen Welten mache, ganz gleich, welche Möglichkeiten die anderen Welten in sich bergen. Selbst in deinem höchsten Entwicklungsstadium verfügst du nicht über jene Gehirnzellen, die dich befähigen würden, unschuldige Menschen als Mörder zu brandmarken, obgleich das Gericht sie freigesprochen hat. Du bist in jeder Beziehung eine Fehlkonstruktion: äußerlich, innerlich und vor allem im Kopf. Aber lassen wir das, ich habe schon viel zuviel Zeit an dich verschwendet. Mit diesen Fingern, die Gott mir gegeben hat – was er jetzt vermutlich bedauert, weil sie ihm selbst von Nutzen sein könnten –, mit diesen Finger muß ich schleunigst anfangen, das erhabene Werk über mich, den Menschen, zu schreiben. Es wird Bände um Bände füllen, die Anzahl der Kapitel wird eines Tages in die Milliarden gehen, und viele meiner Aufzeichnungen werden vom Krieg handeln, von Tod, Eroberungen, Niedergang, Verfall, Blut, Schweiß, Tränen, Drohungen, Warnungen, Prahlereien, Entmutigung, Gaunern, Ganoven und Huren. Über dich, deine Verwandten, deine

Freunde und Bekannten wird wenig drinstehen, denn wer wart ihr schon, du, deine Verwandten, deine Freunde und Bekannten? Und damit sage ich dir Lebewohl», schloß der Mensch. «Ich werde dafür sorgen, daß deiner Art ein schlichtes, aber würdiges Begräbnis zuteil wird.»

Der Mensch behielt recht. Nicht lange danach starben der Dinosaurier, seine Verwandten, seine Freunde und Bekannten, all diese unbedeutenten, vergänglichen Wesen, und noch im Tode lag ein seltsames Lächeln auf ihren Zügen, ein Lächeln, das so etwas wie Zufriedenheit oder Genugtuung ausdrückte.

Moral: Der Mensch ist die Krone der Schöpfung – sagt der Mensch.

Die Party der Hennen

Alle Hennen kamen zu Lady Buff Orpingtons Teegesellschaft, und wie üblich erschien Minnie Minorca als letzte, denn sie hatte wie üblich Stunden um Stunden bei ihrem Psychiater, ihrem Internisten und ihrem Facharzt für Schnabel-, Kamm- und Magenkrankheiten zugebracht. «Meine Tage sind gezählt», verkündete sie sogleich. «Was glaubt ihr wohl, woran ich *jetzt* leide?» Sie begrüßte alle Gäste mit einem Pick und wurde ihrerseits von der Gastgeberin gepickt, allerdings ziemlich kühl.

«Ich habe die Blaukamm-Krankheit», sagte Minnie triumphierend.

Die Hennen saßen in düsterem Schweigen da, wie sie es immer taten, wenn Minnie Minorca von ihren alten und neuen, echten und eingebildeten Leiden sprach. «Doktor Leghorn hat heute festgestellt, daß ich keine Zähne habe, und er hat's mir rundheraus gesagt», berichtete Minnie voller Stolz. «Und natürlich leide ich von jeher an chronischem Schnupfen, Bronchialkatarrh und Laryngotracheitis.»

«Minnie hat so viele Krankheiten, daß sie jede von uns mit einer anderen anstecken kann», bemerkte Lady Buff Orpington frostig. «Ist das nicht nett?»

«Ich mag euch schrecklich gern, ihr Lieben»,

sagte Minnie, «und es tut mir wohl, meine Sorgen mit euch zu teilen. Ihr hört mir immer so mitfühlend zu. Stellt euch vor, heute morgen erzählte ich meinem Psychiater von meinen neuesten Beschwerden und erwähnte auch etwas von beginnendem Federausfall, und auf einmal platzte er mit Dingen heraus, die er mir all die Jahre verschwiegen hat. Ich habe galoppierende Aggressionslust, sagt er, ein entzündetes Ego und zuviel Galle.»

«Ich glaube, das ist ein Psychiater, der sein Fach versteht», meinte Miss Brahma, und dann wandte sie sich mit einer Bemerkung über das Wetter der Gastgeberin zu. Auch die anderen Hennen versuchten, miteinander zu plaudern, aber Minnie Minorca redete unentwegt weiter und gab ihre Krankengeschichte in allen Einzelheiten zum besten. Während sie ausführlich beschrieb, wie sehr sie in Cadawcutt im Staat Connecticut unter Kalkfüßen gelitten hatte, flüsterte eine der Hennen ihren Nachbarinnen zu: «Ich habe ihr eben ein paar Schlaftabletten in die Teetasse getan.»

«Minnie, du mußt unbedingt noch eine Tasse Tee trinken», rief Lady Buff Orpington und griff hastig nach der Kanne. «Ja, der Tee wird dir bestimmt guttun», versicherten alle Hennen im Chor, und Minnie Minorca, tief gerührt über soviel Aufmerksamkeit und – wie sie dachte – liebevolle Besorgnis, leerte ihre Tasse auf einen Zug. Nachdem sie eingeschlafen war, schlug eine der anderen Hennen vor, man solle die Gelegenheit wahrnehmen und Minnie den Hals umdrehen. «Wir können ja sagen, sie hätte sich den Hals gebrochen, als sie nachsehen wollte, ob ihr schon wieder eine Schwanzfeder ausgefallen sei», fügte die mordlustige Dame hinzu.

Lady Buff Orpington seufzte. «Warten wir lieber bis zur nächsten Party, die eine von euch gibt. Wir werden das Los entscheiden lassen, wer ihr den Hals umdrehen soll. Kommt jetzt, wir wollen draußen ein Staubbad nehmen, während sich dieses verrückte Huhn im Traum an den gräßlichsten Krankheiten delektiert.»

Die Gastgeberin und ihre Gäste gingen hinaus. Minnie Minorca aber lag in tiefem Schlaf und träumte von einem funkelnagelneuen inneren Leiden, das Minnieitis oder Minorcasche Krankheit hieß.

Moral: Stille Dulder sind viel beliebter als laute.

Die Rose, der Springbrunnen und die Taube

In einem grünen Tal, das so friedlich wie ein Stern und so still wie der Mond war – außer wenn samstags die Kinder lachten und schrien oder wenn im Sommer der Donner grollte –, wurden eine Rose und ein Springbrunnen in zunehmendem Maße von Fernweh befallen.

«Immer an demselben Fleck, niemals kommen wir hier weg», reimte die Rose und stieß einen tiefen Seufzer aus. «Ich wollte, ich wäre durch keine Wurzeln gebunden und könnte mich so frei bewegen wie die Taube.»

«Ich möchte sehen, was im Wald ist», sagte der Springbrunnen. «Ich möchte Abenteuer erleben, an die ich später einmal mit Freude und Sehnsucht zurückdenken kann.» Mit einem Sprühen seines Wasserstrahls gab er der über ihm kreisenden Taube ein Zeichen, und sogleich ließ sie sich anmutig auf dem Rande des steinernen Beckens nieder.

«Was ist im Wald?» fragte der Springbrunnen. «Du mußt es wissen, denn du hast Flügel, und es gibt keinen Ort, der für dich unerreichbar wäre.»

«Ich fliege immer nur über dem grünen Tal hin und her», antwortete die Taube. «Das grüne Tal ist alles, was ich kenne, und ich möchte auch gar nichts anderes kennenlernen.»

«Im Wald ist ein Teich, und in den fallen flammende Sterne», erzählte die Rose. «Ich höre manchmal das Zischen, mit dem sie im Wasser verschwinden. Wenn ich Flügel hätte wie du», sagte sie zu der Taube, «könnte ich die Sterne herausholen, sie trocknen und dann an einen König verkaufen.»

«Mir gefällt es, über dem grünen Tal durch die Lüfte zu fliegen», erwiderte die Taube. «Ich schaue mir dabei die Sterne an, die nicht herunterfallen, und ich habe mir noch nie gewünscht, sie zu verkaufen.»

«Das Tal sieht immer und überall gleich aus», beklagte sich die Rose.

«O nein, ich finde, es verändert sich unablässig», sagte die Taube.

«Ich habe es so satt, hier Tag für Tag denselben Strahl in die Luft zu sprühen», jammerte der Springbrunnen. «Ich kann das Muster schon nicht mehr sehen. Ein Königreich für einen anderen Standort und einen neuen Strahl!»

«Im Wald gibt es, glaube ich, nichts als gehörnte Eulen in hohlen Bäumen und Löwenzahn zwischen bemoosten Felsen», meinte die Taube.

«Löwen zwischen bemoosten Felsen!» rief der Springbrunnen. «Wie schön, wie abenteuerlich! Ach, ich möchte so gern mit dem Wasserfall die silbernen Klingen kreuzen. Ich wette, daß ich siegen und er versiegen würde.»

«Ich habe nichts, woran ich mich erinnern,

und nichts, was ich vergessen könnte», seufzte die Rose. «Hier stehe ich und vergeude meine Schönheit an all das langweilige Grün ringsum.»

«Mir gefällt es hier», beharrte die Taube. Aber die Rose und der Springbrunnen ließen ihr keine Ruhe, wiederholten Tag für Tag ihre Litanei, und schließlich, gegen Ende des Sommers, hatten sie es geschafft: Die Taube war nun fest überzeugt, daß sie den Wald liebte, gehörnte Eulen bewunderte und nichts sehnlicher wünschte, als Sterne aus dem Teich zu holen und mit Wasserfällen die silbernen Klingen zu kreuzen.

So flog sie denn fort in den Wald und kehrte nie mehr zurück. Über die Art, wie sie ums Leben gekommen war, liefen die verschiedensten Gerüchte um. Die vier Winde zum Beispiel erzählten flüsternd, daß bemooste Felsen, Löwenzahn oder Löwen, heimtückische Wasserfälle und Eulen in Bäumen den Tod der Taube verursacht hätten. Die Walddrossel dagegen behauptete, die Taube sei verbrannt, als sie mit flammenden Sternen spielte. Eines stand jedenfalls fest: Nie zuvor war eine Taube so gestorben wie diese.

Moral: Wer eines anderen Leben lebt, der muß auch den Tod eines anderen sterben.

Der flotte Pinguin und das tugendhafte Weibchen

Nicht nur im Frühling, sondern zu jeder Jahreszeit waren die leichtfertigen Gedanken eines Pinguin-Junggesellen darauf gerichtet, die Frauen seiner Artgenossen zu verführen. Sobald die Pinguinmännchen zum Meer gegangen waren, um Fische zu fangen, machte sich der flotte Bursche an die hübschesten Weibchen heran. Er hatte beobachtet, daß es bei allen Hausfrauen der Pinguin-Kolonie als heilige Pflicht galt, die Wohnzimmermöbel immer von neuem umzustellen, und daß die Damen nur zu froh waren, wenn sich ein starker Mann fand, der ihnen half, die schweren Möbelstücke zu rücken. Ihre Ehemänner hatten im Laufe der Zeit jegliches Interesse an der Hausarbeit verloren und sich mit um so größerer Begeisterung dem Fischfang zugewandt. Der flotte Junggeselle aber war stets bereit, Fliegenfenster einzusetzen oder auszuhängen, Schlüssel, die versehentlich in das falsche Schloß gesteckt worden waren, mit viel Geschick herauszuoperieren und auch in anderen Notlagen als Retter aufzutreten. Nach zwei oder drei Besuchen konnte der gefiederte Don Juan die Damen leicht überreden, daß sie mit ihm ‹Versteck im Dunkeln› spielten oder ‹Rate mal, wer ich bin›, oder ‹Mein Schwimmfüßchen sucht dein Schwimmfüßchen›.

134

So heimste der schmucke, gepflegte Casanova einen Erfolg nach dem anderen ein, und auf die Dauer fand er das reichlich anstrengend. Eines Morgens aber, als sich die anderen Pinguinmännchen wie üblich am Strand aufhielten, erspähte unser Don J. Pinguin das bezauberndste Weibchen, das ihm je begegnet war. Sie mühte sich gerade damit ab, ein Wohnzimmersofa an die Stelle zu schieben, wo es zwei Tage zuvor gestanden hatte. Don Pinguin, der Spezialist für Damen in arger Bedrängnis, erbot sich sofort, der Schönen zu helfen, und sie gestattete es ihm mit verschämtem Augenaufschlag und einem leichten Erröten. Am nächsten Morgen fand sich der raffinierte Junggeselle abermals ein und war der Hausfrau behilflich, ein Fliegenfenster einzuhängen. Tags darauf reparierte er das zerbrochene Schloß ihrer Halskette, und am folgenden Tag kümmerte er sich um den ewig klappernden Glasdeckel der Kaffeemaschine. Bei jedem Besuch schlug er vor, ‹Versteck im Dunkeln› zu spielen oder ‹Rate mal, wer ich bin›, und jedesmal fiel seiner Angebeteten noch etwas ein, was unbedingt repariert, fester oder lockerer geschraubt, abgenommen oder angebracht werden mußte. So ging es mehrere Wochen, und schließlich fragte sich der Galan, ob er hier etwa schamlos ausgenutzt werden sollte – ein Verdacht, den die Dame seines Herzens mit dürren Worten bestätigte.

135

«Entweder hilfst du mir auch weiterhin, wenn irgend etwas im Haus umgeräumt, angebracht, abgenommen, fester oder lockerer geschraubt werden muß», sagte sie zu dem bestürzten Sammler gebrochener Herzen, «oder ich erzähle meinem Mann von deinen Annäherungsversuchen und deinen unehrenhaften Absichten.» Don Pinguin wußte, daß es weit und breit keinen stärkeren, unnachsichtigeren und jähzornigeren Pinguin gab als ihren Gemahl. Von munteren Spielen wie ‹Versteck im Dunkeln›, ‹Rate mal, wer ich bin› oder ‹Mein Schwimmfüßchen sucht dein Schwimmfüßchen› konnte also keine Rede mehr sein. Statt dessen verbrachte er den Rest seiner Tage als Arbeitssklave des ebenso tugendhaften wie gerissenen Pinguinweibchens. Er schob Sofas hierhin und dorthin, hängte Fliegenfenster aus oder setzte sie ein, zog Schrauben fest oder lockerte sie, kurzum, er erledigte alles, was seine schöne Gebieterin ihm auftrug. Nun blieb ihm keine Zeit mehr, die weiße Krawatte sorgsam zu binden. Sein Frack verlor die Knöpfe, seine Hose die Bügelfalten, sein Blick den zärtlich-verträumten Ausdruck. Er sprach in einem fort von Uhren, von Schlüsseln, die sich im Schloß verklemmt hatten, oder von ähnlichen Dingen, und wenn er die Straße entlanggewatschelt kam, verriegelte jede Hausfrau der Kolonie ihre Tür, ausgenommen natürlich die listige Pinguindame, die für ihn so unerreichbar war

136

wie die Sterne und die ihn mit ihrem verschämten Augenaufschlag und ihrem leichten Erröten – beides so falsch wie das Lachen eines Papageien – gründlich hereingelegt hatte. Eines Tages kehrte ihr Mann früher als sonst vom Fischfang zurück und sah gerade noch, wie Don das Haus verließ. «Was wollte denn der alte Knabe?» fragte er seine Frau.

«Ach, der putzt die Fenster, bohnert den Fußboden und fegt den Schornstein», antwortete sie. «Ich glaube, er hat mal eine unglückliche Liebe gehabt.»

Moral: So manche Frau bringt es fertig, dem einen Mann liebende Gefährtin und dem anderen unbarmherzige Kerkermeisterin zu sein.

Der friedliebende Mungo

Im Kobraland wurde eines Tages ein Mungo geboren, der keine Lust hatte, gegen Kobras oder sonst etwas zu kämpfen. Die Nachricht verbreitete sich rasch, und bald wußten alle Mungos, daß einer der ihren den Kobras nichts tun wollte. Wenn er sich weigerte, gegen etwas anderes zu kämpfen, so konnte man ihn dazu nicht zwingen, aber ein jeder Mungo war verpflichtet, Kobras zu töten oder von ihnen getötet zu werden.

«Warum eigentlich?» fragte der friedliebende Mungo, und nun ging es von Mund zu Mund, daß dieser verschrobene Intellektuelle nicht nur Partei für die Kobras und gegen die Mungos ergreife, sondern auch die Ideale und Traditionen des Mungoismus zu untergraben drohe.

«Er ist verrückt», erklärte der Vater des jungen Mungos.

«Er ist krank», sagte seine Mutter.

«Er ist ein Feigling», schrien seine Brüder.

«Er ist mungosexuell», flüsterten seine Schwestern einander zu.

Wildfremde Mungos, die den friedliebenden Jüngling nicht einmal vom Sehen kannten, behaupteten, sie hätten beobachtet, wie er auf dem Bauch kroch oder Kobrahäute anprobierte oder den gewaltsamen Umsturz in Mungosia vorbereitete.

«Ich gebrauche ja nur meinen Verstand und meine Intelligenz», rechtfertigte sich der junge Mungo.

«Verrat und Verstand gehen Hand in Hand», sagte einer seiner Nachbarn.

«Intelligenz ist die Waffe des Feindes», fügte ein zweiter hinzu.

Schließlich verbreitete sich das Gerücht, der Mungo habe Giftzähne, genau wie die Kobras, und so machte man ihm den Prozeß. Auf die Frage, ob er schuldig sei, hoben alle die Pfoten, und er wurde in die Verbannung geschickt.

Moral: Dem Feind entrinnst du leichter als den eigenen Leuten.

Der Patenonkel und sein Patenkind

Ein weltkluger Sammler, der rund um den Globus getrottet war und alles gesammelt hatte, was er irgend schießen, kaufen oder sich aneignen konnte, besuchte sein Patenkind, ein fünfjähriges Mädchen, nachdem er ein Jahr lang in vielen Ländern der Erde seiner Sammelleidenschaft gefrönt hatte.

«Ich will dir drei Wünsche erfüllen», sagte er. «Nenne mir die drei Dinge, die du am liebsten haben möchtest, und ich werde sie dir schenken. Ich habe Diamanten und ein Rhinozeroshorn aus Afrika, Skarabäen aus Ägypten und Smaragde aus Guatemala. Ich habe auch Schachfiguren aus Gold und Elfenbein, Elchgeweihe, Negertrommeln, Tamtams, Tempelglocken und drei überaus schöne, sehr seltene Puppen. Nun», schloß er und strich dem kleinen Mädchen über das Haar, «was wünschst du dir denn so sehr wie sonst nichts auf der Welt?»

Die Kleine, die nicht zur Unschlüssigkeit neigte, zögerte keinen Augenblick. «Ich möchte deine Brille zerbrechen und auf deine Schuhe spukken», antwortete sie.

Moral: Statistisch läßt es sich zwar nicht belegen, doch wissen wir, daß Frauen meistens ausgefallene Wünsche hegen.

Der Grizzlybär und die Messeschlager

Bei der Weihnachtsfeier einer Grizzlybären-Familie hatte der Schwager des Hausherrn den Tannenbaum in Brand gesteckt, die Kinder waren mit dem Auto ihres Vaters quer durchs Haus gefahren – zur Vordertür hinein und zur Hintertür hinaus –, und alle attraktiven Bärinnen hatten sich noch vor Sonnenuntergang zum Winterschlaf zurückgezogen. Die Folge davon war, daß Vater Grizzlybär auf eine ausgedehnte Sauftour ging und mehrere Wochen brauchte, um in eine milde, versöhnliche Stimmung zu geraten. Bei der Rückkehr in sein Heim stellte er leicht verärgert fest, daß man inzwischen den Klingelknopf durch einen kunstvoll verzierten Türklopfer ersetzt hatte. Als er den Klopfer ergriff, fuhr er erschrocken zurück, denn das Ding spielte die ersten Takte von ‹Stille Nacht, heilige Nacht›.

Da niemand auf das Klopfen antwortete, drehte der Grizzlybär den Türknopf, der mit metallischer Stimme ‹Prost Neujahr› sagte, während sich drinnen im Haus ein Zweiton-Gong mit ‹Hallo› meldete.

Der Bär rief nach seiner Frau, die, wie er wußte, nichts lieber tat, als alte Gebrauchsgegenstände wegzuwerfen und dafür neue Messeschlager auszuprobieren. Sein Rufen hatte keinen Er-

141

folg, denn sämtliche Wände des Hauses waren schalldicht gemacht worden, und zwar von einem Spezialisten, der so gut gearbeitet hatte, daß man nicht einmal mehr hören konnte, was in einer Entfernung von zwei Metern gesprochen wurde. Im Wohnzimmer knipste der Bär das Licht an, und die Beleuchtung funktionierte auch einwandfrei. Aber durch das Drehen des Schalters wurde gleichzeitig eine Sprühvorrichtung betätigt, die den Raum mit Kiefernduft erfüllte, und gerade diesen Geruch hatte der Hausherr zeit seines Lebens verabscheut. Schon fast so wütend wie am Weihnachtsabend, ließ sich der Bär in einen Sessel fallen, der sofort auf und ab zu wippen begann. Es handelte sich nämlich um eine funkelnagelneue Konstruktion mit eingebauter Wippe (Marke ‹Wonnesitz›). Der Bär sprang auf, wie von der Tarantel gestochen. Er wollte sich mit einer Zigarette beruhigen und griff nach einem Zigarettenkästchen, das er nie zuvor in seinem Haus gesehen hatte. Es war ebenfalls ein Messeschlager: ein Behälter aus Metall und Kunststoff in Form einer Ritterburg mit Zugbrücke, Tor und Türmen. Leider gelang es dem Bären nicht, das Ding zu öffnen. Er drehte es hin und her und entdeckte dabei, daß über dem Tor in winzigen, erhabenen Buchstaben ein gereimter Spruch stand: ‹Suche den Schlüssel und steck ihn ins Tor, dann kommt sogleich die Zigarette hervor.› Der Bär, der den Schlüssel nicht finden konnte, schleuderte den Behälter durch die Fensterscheibe in den Vorgarten und schrie auf, als ein eiskalter Luftzug seinen Nakken traf. Zum Glück fiel ihm ein, daß er noch eine Zigarre in der Tasche hatte, und das besänftigte ihn ein wenig. Die Streichholzschachtel, die er nach längerem Suchen auf einem Regal fand, enthielt zwar Streichhölzer, aber die zum Anzünden unerläßliche Reibfläche fehlte. Dafür stand auf der Unterseite der Schachtel folgende Mitteilung: ‹Unsere Super-Sicherheitshölzer gewährleisten doppelte Sicherheit, weil die so überaus gefährliche Reibfläche fehlt. Man streiche mit dem Zündholz über eine Fensterscheibe oder den Hosenboden.›

Der Bär sah rot, obgleich seine Gedanken rabenschwarz waren. Völlig außer sich, begann er in rasender Wut das Wohnzimmer zu demolieren. Nachdem er die Streichholzschachtel zertrampelt hatte, schlug er alle Lampen entzwei, riß die Bilder von den Wänden, warf die Teppiche aus dem Fenster, fegte Vasen und eine Uhr vom Kaminsims, kippte die Tische um und machte Kleinholz aus den Stühlen. Er begleitete sein Zerstörungswerk mit Knurren, Brummen, Brüllen und wilden Flüchen, so daß schließlich seine Frau wach wurde, die gerade im Traum einen Pandabären geheiratet hatte. Auch die Bewohner der umliegenden Häuserblocks fanden sich ein, und die attraktiven Bärinnen, die sich zum

Winterschlaf zurückgezogen hatten, schüttelten ihre Benommenheit ab, um nachzusehen, was dieser Lärm bedeuten sollte.

Der Bär kümmerte sich weder um die flehentlichen Bitten seiner Frau noch um die Proteste der Nachbarn und ihre Drohungen mit der Polizei. Er stieß alles um, was im Hause noch stand, und ging dann laut brüllend auf und davon. Die attraktivste der attraktiven Bärinnen, eine junge Dame, die Honey hieß, nahm er mit.

Moral: Heutzutage führen die meisten Männer ein Leben lärmender Verzweiflung.

Die Gans, die das vergoldete Ei gelegt hatte

Natürlich hatte die Gans gar kein vergoldetes Ei gelegt, sondern ein völlig normales, das sich nicht im geringsten von den Eiern anderer Gänse unterschied. Als sie jedoch das Nest für kurze Zeit verließ, um einen Imbiß zu sich zu nehmen, kam ein Witzbold des Weges, der das Ei vergoldete, und bei ihrer Rückkehr fand sie die schimmernde Überraschung vor. «Seht doch, seht!» rief sie. «Ich habe das goldene Ei der Sagen und Märchen gelegt!»

«Goldenes Ei? Daß ich nicht lache», sagte eine Plymouth-Rock-Henne. «Ein ganz gewöhnliches, gelb angestrichenes Ei ist das, wenn du mich fragst.»

«Sie fragt dich aber nicht», wies der Hahn sie zurecht. «Sie fragt *mich*, und ich sage, daß es ein Ei aus purem Gold ist.»

Die Gans seufzte. Anscheinend war sie nicht besonders erfreut. «Ich hätte so schrecklich gern ein Gänschen gehabt.»

«Du wirst ein goldenes Gänschen haben», versicherte der Hahn.

«Rede doch keinen Unsinn», empörte sich die Henne. «Ein goldenes Gänschen! Gelb wird es aussehen, ein Gänschen wie alle anderen, höchstens etwas schwächlicher.»

«Wie es aussieht, ist mir egal», meinte die

145

Gans. «Nur aus Gold darf es nicht sein. Das gäbe ja ein furchtbares Gerede. Die Andenkensammler würden mir sämtliche Federn ausreißen, und ich könnte mich vor Fotografen nicht retten.»

«Ich bin bereit, dir dieses glitzernde Wunder zu einem enormen Preis abzukaufen», sagte der Hahn und nannte eine Summe, die zumindest in Geflügelkreisen als phantastisch hoch gilt. Die Gans ging mit Freuden auf das Angebot ein.

«Erwarte bloß nicht, daß ich mich auf so was setze», rief die Henne. «Meinetwegen kann da ein Ganter aus Platin und mit Diamantbesatz zum Vorschein kommen – aber bitte ohne mich!»

«Dann brüte ich das Ei eben selbst aus», entschied der Hahn.

Hoffnungsfroh rollte er das vergoldete Ei zu einem Nest und ließ sich darauf nieder. Nach drei Wochen rebellierten seine Hennen, und es kam zwischen ihnen und dem Hahn zu einer Trennung von Tisch und Bett.

«Ihr werdet euren Entschluß bereuen, wenn dieser kostbare Schatz ausgebrütet ist», sagte der Hahn. «Ich weiß genau, daß es eine goldene Gans sein wird, und ich habe auch schon einen Namen für sie – Goldie. Sobald sie ausgewachsen ist, werde ich sie zu einem Super-Phantasiepreis an den Meistbietenden verkaufen.»

«Gewiß, gewiß», höhnte die Plymouth-Rock-Henne. «Und *meine* Vorfahren sind auf der *Mayflower* nach Amerika gekommen.»

146

Der alte Dickschädel saß auf dem vergoldeten Ei, saß und saß. Alle seine Freunde mieden ihn, keine Henne gönnte ihm auch nur einen Blick, und sein Gefieder begann sich zu lichten. Da er kein Weibchen war, sondern ein Männchen, trat er eines Tages so ungeschickt auf das Ei, daß es zerbrach, und das war sowohl das Ende des Eis als auch das Ende seiner Träume.

Moral: Du kannst deiner Sache so sicher sein, wie du willst, aber ein leiser Zweifel ist in jedem Fall angebracht.

Der Prozeß gegen den alten Wachhund

Ein alter, in Ehren ergrauter Collie, der viele Jahre lang ein zuverlässiger Wachhund gewesen war, wurde eines Tages verhaftet und des vorsätzlichen Mordes an einem Lamm angeklagt. In Wirklichkeit war das Lamm von einem berüchtigten Rotfuchs umgebracht worden, der den noch warmen Leichnam seines Opfers in die Hütte des Collies praktiziert hatte.

Die Gerichtsverhandlung, bei der es weder um Recht noch Gerechtigkeit ging, fand unter dem Vorsitz von Richter Känguruh statt. Alle Geschworenen waren Füchse, und das Publikum bestand ebenfalls aus Füchsen. Als Vertreter der Anklage fungierte ein Fuchs namens Reineke. «Morgen, lieber Richter», sagte er.

«Gott mit Ihnen, mein Bester, und viel Glück», erwiderte Richter Känguruh wohlwollend.

Der Verteidiger war ein Pudel namens Beau, ein alter Freund und Nachbar des angeklagten Wachhundes. «Guten Morgen, Herr Richter», grüßte er.

«Verzichten Sie in diesem Prozeß auf alle Spitzfindigkeiten», ermahnte ihn der Richter. «Die Fairness gebietet, daß immer nur die schwächere Partei spitzfindig sein darf.»

Eine blinde Murmeltierdame wurde als erste in den Zeugenstand gerufen, und sie erklärte, der Collie habe das Lamm vor ihren Augen getötet.

«Die Zeugin ist blind!» rief der Pudel.

«Bitte keine Anzüglichkeiten», schnitt ihm der Richter das Wort ab. «Vielleicht hat die Zeugin den Mord im Traum oder in einer Vision gesehen. Das würde ihrer Aussage das Gewicht einer Offenbarung verleihen.»

«Ich möchte einen Leumundszeugen vernehmen», sagte der Pudel.

«Leumundszeugen gibt es hier nicht», erwiderte Reineke in sanftem Ton. «Aber wir haben ein paar ausgezeichnete Verleumder.» Und er rief einen von ihnen auf, einen Fuchs namens Wühler.

«Wenn ich auch nicht dabei war, als dieser Lämmermörder das Lamm ermordete», sagte Wühler, «so hätte ich es doch beinahe gesehen.»

«Das ist ein ausreichender Beweis», entschied Richter Känguruh.

«Einspruch», bellte der Pudel.

«Einspruch abgewiesen», sagte der Richter. «Meine Herren, die Zeit drängt. Wie lautet der Wahrspruch der Geschworenen?»

Der Obmann der Geschworenen stand auf. «Wir haben den Angeklagten für schuldig befunden», erklärte er. «Nichtsdestoweniger erscheint es uns ratsam, ihn freizusprechen, und zwar aus folgenden Gründen: Wenn wir den Angeklagten hängen, hat er seine Strafe ein für allemal hinter sich. Sprechen wir ihn jedoch von solchen schweren Verbrechen frei, wie es vorsätzlicher Mord, das Verstecken der Leiche und der Umgang mit Pudeln sind, dann wird ihm niemand mehr über den Weg trauen, und er wird für den Rest seines Lebens als verdächtig gelten. Der Tod durch den Strang ist für ihn eine viel zu milde und viel zu kurze Strafe.»

«Schuldspruch durch Freispruch!» rief Reineke. «Eine wunderbare Methode, ihn für immer unschädlich zu machen!»

Damit war die Verhandlung beendet, das Gericht vertagte sich, und alle gingen nach Hause, um von dem weisen Urteil zu erzählen.

Moral: Du sollst Justitia nicht blind machen, indem du ihr das Fell über die Augen ziehst.

Der Philosoph und die Auster

Ein Philosoph – ein Mann also, der eine scharfsinnige Erklärung für seine Bedeutungslosigkeit sucht – ging eines schönen Morgens am Strand spazieren, und dabei fiel sein Blick auf eine Auster.

«Dieses Tier hat keinen Verstand, in den sich Zweifel einschleichen könnten», grübelte der Philosoph laut vor sich hin. «Es hat keine Hände, die es sich wund arbeiten müßte, und es braucht niemals zu jammern: ‹Meine Füße brennen wie höllisches Feuer.› Es hört nichts Schlechtes, ist nicht gezwungen, fernzusehen, und redet keine Dummheiten. Es hat keine Knöpfe, die verlorengehen, keine Reißverschlüsse, die sich verklemmen, keine Haare oder Zähne, die ihm ausfallen könnten.» Der Philosoph seufzte neiderfüllt. «Ein krankhafter Zustand in seiner Anatomie – sofern man bei einer derart grotesken, anomalen Gestaltlosigkeit überhaupt von Anatomie sprechen kann –, ein solcher Zustand bewirkt die Bildung einer wunderbar schimmernden Masse von hohem oder sogar unschätzbarem Wert.» Wieder seufzte der Philosoph. «Oh, wie gern würde auch ich beim Erwachen aus dem Delirium meine fieberheiße Stirn mit einem Perlendiadem geschmückt finden. Oh, daß auch mein Haus ein unantastbares Heiligtum wäre, so sicher und festgefügt wie ein Banktresor.»

In diesem Augenblick stieß eine Möwe kreischend herab, packte die Auster und schwang sich mit ihr in die Lüfte. Über einem großen, nassen Felsen ließ sie die Beute fallen, so daß die Muschel zersplitterte und der Inhalt nach allen Seiten spritzte. Unter den traurigen Resten befand sich keine schimmernde Masse von irgendwelchem Wert, denn die verstorbene Auster war durch und durch gesund gewesen. Außerdem hat noch nie eine Auster von ihrer Perle profitiert.

Moral 1: Sei dankbar für das, womit der Herr dich gesegnet, und schiele nicht neidisch zu deinem Nachbarn hinüber.
Moral 2: Auch dort, wo es kein Fernsehen gibt, gehen Lebewesen zugrunde.

Tee kontra Kaffee

Ein jungverheirateter Ehemann wurde um fünf Uhr morgens von seiner Frau geweckt. «Was ist denn los? Brennt das Haus?» murmelte er schlaftrunken.

Die junge Frau lachte fröhlich. «Draußen wird es schon hell», sagte sie, «und ich will einen Kuchen mit Zuckerguß backen.»

«Ich mag keinen Kuchen mit Zuckerguß», knurrte der Mann. «Ich möchte Toast und Kaffee haben.»

«Du sollst doch den Kuchen mitnehmen und ihn den anderen Jungen zeigen», erklärte seine Frau.

«Welchen Jungen?» fragte der Mann, der noch immer nicht ganz wach war.

«Den Jungen im Büro natürlich, du Schäfchen», sagte sie. «Zeig ihnen den Kuchen und bring ihn dann wieder mit. Vielleicht essen wir ihn heute zum Abendbrot.»

Der Mann stand auf, um sich anzuziehen.

«Ich mache jetzt für uns beide Tee», verkündete sie, trällerte den Schlager *Tea for two* und fügte hinzu: «Dieses Lied beweist, daß Leute, die sich lieben, Tee trinken und keinen Kaffee. Deswegen bekommst du Tee zum Frühstück.»

Der Mann hatte seine Schuhe zugeschnürt und band gerade den Schlips um, als sie in die Hände klatschte und begeistert ausrief: «Wir wollen zwei Kinder haben. Du kannst den Jungen erziehen, und ich übernehme das Mädchen.» Damit rannte sie die Treppe hinunter, um den Kuchen mit Zuckerguß zu backen, den ihr Mann den Kollegen im Büro zeigen sollte. Als der Mann allein war, schaute er auf die Uhr. Es war elf Minuten nach fünf. Er putzte sich die Zähne, bürstete sein Haar, stieg dann aufs Fensterbrett, landete mit einem Sprung im Vorgarten und lief eilends in den grauenden Morgen hinein, auf der Suche nach einem durchgehend geöffneten Lokal, in dem ein Mann ein Frühstück nach seinem Herzen – und nach seinem Magen – bestellen konnte.

Moral: Im Leben geht's nicht wie im Schlager zu, und das ist ein Glück, denn sonst liefe so mancher Ehemann fort und käme nie mehr zurück.

Die Maus und das Geld

Eine Stadtmaus übersiedelte aufs Land und zog in die Täfelung eines alten Hauses. Von Anfang an war sie darauf bedacht, sich bei ihren Mitbewohnern, einer Schar von Landmäusen, ins rechte Licht zu setzen. Sie kräuselte ihre Barthaare mit der Brennschere, benutzte Mausabella-Hautcreme, legte sich einen fremdländischen Akzent zu und behandelte die Landmäuse mit verächtlicher Herablassung.

«Meine Ahnen waren Mitglieder der französischen Aristokratie», prahlte sie. «Noch heute wird überall in Frankreich eine Süßspeise serviert, die *mousse à la Chantilly* heißt. *Mousse* bedeutet soviel wie Maus, und der Name der Speise erinnert daran, daß meine Vorfahren im Schloß von Chantilly beheimatet waren.» Tag für Tag brüstete sich die Stadtmaus mit ihrer vornehmen Herkunft, erzählte von ihren Ahnen und entwickelte dabei eine blühende Phantasie. «Mein Ur-Ur-Urgroßvater war eine Theatermaus in der Comédie Française, und er heiratete eine Kirchenmaus aus der Kathedrale von Chartres. An der Hochzeit nahmen Millionen von Gästen teil, und der Wein, den sie tranken, war dem Brautpaar zu Ehren *vin mousseux* benannt worden.»

Die Stadtmaus berichtete auch, daß ihre Fami-

155

lie auf einem großen französischen Dampfer nach Amerika gekommen sei, und zwar in der für Hochzeitsreisende reservierten Luxuskabine. «Mein Bruder», sagte sie, «ist Restaurantmaus im *Twenty-One*, und meine Schwester ist an der Metropolitan.» Dann erzählte sie von anderen Verwandten, die in Stücken wie *Die Fledermaus* und *Les trois mousquetaires* aufgetreten waren. «In unserer Familie hat es nie eine gewöhnliche Hausmaus gegeben», versicherte sie.

Eines Tages, als die Stadtmaus in verbotenen Wänden des alten Landhauses umherstreifte – sie tat das nur, um den armseligen Landmäusen zu zeigen, daß Verbote für sie nicht existierten –, stieß sie auf Bündel und Bündel von Geldscheinen, die irgend jemand vor Jahren unter dem Putz versteckt hatte. «Iß das Zeug lieber nicht», warnte eine alte Landmaus. «Es ist die Wurzel alles Übels, und du wirst davon die monetäre Ruhr kriegen.» Aber die Stadtmaus hörte nicht auf den guten Rat.

«Ich möchte nicht nur vornehm, sondern auch steinreich sein», sagte sie, «und dieses Geld wird mich zur Millionärin machen.» Gierig fraß sie einen Schein nach dem anderen – es handelte sich um Banknoten von hohem Nennwert –, und als ein paar junge Landmäuse ihr helfen wollten, den Schatz zu vertilgen, scheuchte sie sie ärgerlich fort. «Was ich gefunden habe, gehört mir allein», wies sie die armen Verwandten zurecht und erging sich in geistreichen Bemerkungen wie: «Selig sind die Begüterten, denn sie können sich Einlaß ins Paradies erkaufen», oder: «Geld macht vielleicht nicht glücklich, aber es beruhigt die Nerven.»

So ernährte sich die Stadtmaus von dem, was sie als die Früchte der Wand bezeichnete. «Wenn ich alles aufgegessen habe», sagte sie, «werde ich in die Stadt zurückkehren und wie eine Königin leben. Es heißt ja, man könne sein Geld dereinst nicht mitnehmen, aber was mich betrifft: *Ich kann.*»

Die hochfahrende Stadtmaus, deren Einbildung so weit ging, daß sie sich französische Ahnen einbildete, brauchte nur wenige Tage und Nächte, um das gesamte Geld zu verzehren – der Betrag entsprach etwa dem Jahresgehalt eines Gesandten. Dann versuchte sie, aus der Wand herauszuschlüpfen, aber ihr Leib war so vollgestopft mit Banknoten und ihr Kopf vor Stolz so geschwollen, daß sie zwischen dem Holz und dem Putz steckenblieb und trotz der Bemühungen ihrer Nachbarn nicht ins Freie gelangen konnte. Sie starb eines qualvollen Todes, und niemand außer den Landmäusen wußte, daß sie die reichste Maus der Welt gewesen war.

Moral: Recht unbequem steht der Sklave seiner irdischen Habe: mit dem einen Fuß auf dem Geld, mit dem andern im Grabe.

Der Wolf an der Haustür

Herr und Frau Schaf und ihre Tochter, ein hübsches, sehr appetitliches Mädchen, saßen im Wohnzimmer, als es an der Haustür klopfte. «Draußen steht ein Herr», sagte die Tochter.

«Es ist der Bürstenhändler», behauptete die Mutter.

Der vorsichtige Vater erhob sich und blickte aus dem Fenster. «Es ist der Wolf», sagte er. «Ich kann seinen Schwanz sehen.»

«Red keinen Unsinn», schalt die Mutter. «Es ist der Bürstenhändler, und was du siehst, ist eine Bürste.» Sie ging hinaus und öffnete die Tür, und der Wolf kam herein, packte die Tochter und lief mit ihr davon.

Die Mutter senkte beschämt ihren Schafskopf. «Du hast doch recht gehabt», gab sie zu.

Moral: Mutter weiß es nicht *immer* am besten. (Kursiv vom Vater, von der Tochter und von mir.)

Was dem Ackergaul Karl widerfuhr

Ein Ackergaul namens Karl wurde eines Tages von seinem Besitzer in die Stadt zum Hufschmied gebracht. Niemand auf dem Gutshof hätte davon Notiz genommen, wäre nicht Eva gewesen, eine Ente, die sich dauernd vor der Küchentür des Wohnhauses herumdrückte, neugierig lauschte und alles, was sie hörte, falsch verstand. Die anderen Tiere sagten von ihr, sie habe zwei Schnäbel, aber nur ein Ohr.

Karl wurde also weggeführt, um beschlagen zu werden, und wenig später lief Eva laut quakend im Hof umher. Aufgeregt erzählte sie ihren Gefährten, daß man Karl in die Stadt gebracht habe, um ihn zu erschlagen.

«Sie haben ein unschuldiges Pferd getötet!» rief Eva. «Er ist ein Held! Ein Märtyrer! Er ist für unsere Freiheit gestorben!»

«Er war das wunderbarste Pferd der Welt», schluchzte eine sentimentale Henne.

«Na, für mich war er einfach der alte Karl und weiter nichts», sagte eine realistisch denkende Kuh. «Müßt ihr denn gleich so rührselig werden?»

«Er war unübertrefflich!» schrie eine leichtgläubige Gans.

«Wann und wo hat er sich denn hervorgetan?» fragte eine Ziege.

Eva, der es zwar an Sinn für Genauigkeit, nicht aber an Erfindungsgabe mangelte, ließ ihre lebhafte Phantasie spielen. «Es waren Schlächter, die ihn weggeführt haben, um ihn zu erschlagen», kreischte sie. «Wenn Karl nicht gewesen wäre, hätten sie uns allesamt im Schlaf umgebracht.»

«Ich habe keine Schlächter gesehen, und dabei kann ich sogar in stockfinsterer Nacht ein ausgebranntes Glühwürmchen sehen», sagte eine Eule. «Ich habe auch keine Schlächter gehört, und dabei kann ich eine Maus über Moos laufen hören.»

«Wir müssen ein Denkmal für Karl den Großen bauen, für unseren Lebensretter», schnatterte Eva. Und alle Vögel und Tiere auf dem Gutshof – ausgenommen die weise Eule, die skeptische Ziege und die realistisch denkende Kuh – machten sich daran, ein Denkmal zu errichten.

Sie hatten gerade mit der Arbeit angefangen, als der Bauer die Straße entlangkam. Er führte Karl am Halfter, und die neuen Hufeisen schimmerten im Sonnenlicht.

Es war ein Glück, daß Karl den Hof nicht allein betrat, denn sonst wären die Tiere vermutlich mit Knüppeln und Steinen über ihn hergefallen, weil er durch seine Rückkehr den Mythos vom heldenhaften Karl zerstörte. Es war auch ein Glück, daß sich die Eule schleunigst auf die Wetterfahne der Scheune geflüchtet hatte, denn niemand ist verhaßter als derjenige, der es besser gewußt hat. Die sentimentale Henne und die leichtgläubige Gans lenkten schließlich die Aufmerksamkeit auf die wahre Schuldige, auf Eva, die Ente mit zwei Schnäbeln und einem Ohr. Alle fielen über sie her und teerten und entfederten sie, denn niemand ist unbeliebter als der Überbringer von Trauerbotschaften, die sich später als falsch erweisen.

Moral: Entweder hör dreimal hin oder halte den Mund; voreilige Schlußfolgerungen sind ungesund.

Die Dohlen auf dem Uhrzeiger

Jack, ein jungverheiratetes Dohlenmännchen, erschien eines Tages bei seinem Vater und verkündete, er wolle sein Nest auf dem Minutenzeiger der Rathausuhr bauen. «Das ist der größte Unsinn, der dir je in den Sinn gekommen ist», sagte der Alte. Sein Sohn wußte es natürlich besser. «Wieso denn?» erwiderte er. «Wir bauen doch das Nest, wenn der Minutenzeiger waagerecht steht, also um Viertel vor oder um Viertel nach.»

«Wenn einer im Luftschloß lebt, kann es mit ihm nur noch abwärts gehen», sagte der Vater mahnend, aber Jack und seine junge Frau hörten nicht auf ihn. Am nächsten Morgen, pünktlich um Viertel nach acht, bauten sie ihr Nest auf dem Minutenzeiger der Rathausuhr. Fünf Minuten später rutschte das Nest vom Zeiger und fiel auf die Straße. «Wir haben nicht zeitig genug angefangen», erklärte Jack, als er abends seinen Vater besuchte. «Morgen probieren wir es ganz früh. Um Viertel nach sechs.»

«Was beim erstenmal nicht klappt, wird immer wieder schiefgehen», meinte der Vater, aber ebensogut hätte er zu einem Wasserspeier reden können. Jack und seine Frau stahlen den Eltern ein paar Silbersachen und gingen tags darauf frohgemut ans Werk. Natürlich kam auch dieses Nest ins Rutschen und fiel auf die Straße.

Am Abend hatte der Dohlenvater seinem leichtsinnigen Sprößling einiges zu sagen. «Wer sich auf einem Uhrzeiger halten will, der braucht drei Füße, von denen der dritte eine Hasenpfote ist. Du bist abhängig von der Zeit, aber du darfst dich nicht an sie hängen. Es ist nicht der richtige Dreh, sich mit dem Uhrzeiger zu drehen. Geh mit der Zeit, aber bitte nicht im wörtlichen Sinne.»

Wieder wollten die jungen Dohlen keine Vernunft annehmen, und wieder stahlen sie ein paar Silbersachen aus dem Nest der Eltern, um das ihre auszustatten. Diesmal lauerten jedoch im Glockenturm jene Menschenwesen, die sich Behördenvertreter nennen. Mit Besen, Steinen, Fahrradklingeln und lautem Geschrei verscheuchten sie die törichten Dohlen, denen nichts anderes übrigblieb, als die Uhr, den Turm und die Stadt zu verlassen.

Abends zählte Jacks Mutter, die alte Dohle, ihr Silber und schrie vor Schreck laut auf. «O weh», rief sie, «unser Junge hat zwei Löffel mitgenommen und die Hälfte der Messer und fast alle Gabeln und sämtliche Serviettenringe.»

«Nicht einmal, nein hundertmal habe ich ihm frei nach Shakespeare gesagt: ‹Kein Stehler sei und auch Verleiher nicht›», wütete der Vater. «Aber was hat's genutzt? Ebensogut hätte ich zu einem Wetterhahn reden können.»

Die Wochen vergingen, ohne daß die jungen

Dohlen von sich hören ließen. «Keine Nachricht, schlechte Nachricht», brummte der Alte. «Wahrscheinlich haben sie ihr Nest auf einem Wagenrad oder in einer Glocke gebaut.»

Er irrte sich. Diesmal hatten die jungen Dohlen ihr Nest in einem Kanonenrohr gebaut, und sie hörten gerade noch den ersten der einundzwanzig Schüsse, die beim Besuch eines ausländischen Staatsoberhauptes als Ehrensalut abgefeuert wurden.

Moral: Und spricht das Alter auch mit Engelszungen, verschwendet sind der Weisheit Worte an die Jungen.

Der Tiger, der König sein wollte

Eines Morgens erwachte der Tiger im Dschungel und behauptete, er sei der König der Tiere.

«Der König der Tiere ist doch Leo, der Löwe», wandte seine Frau ein.

«Wir brauchen Abwechslung», sagte der Tiger. «Alle Geschöpfe schreien nach Abwechslung.»

Die Tigerin lauschte, aber das einzige Geschrei, das sie hörte, kam von ihren Jungen.

«Heute abend, wenn der Mond aufgeht, werden alle Tiere mir, ihrem König, huldigen», erklärte der Tiger. «Und mir zu Ehren wird es ein gelber Mond mit schwarzen Streifen sein.»

«Ja, ja», murmelte die Tigerin und stand auf, um nach ihren Jungen zu sehen. Einer der kleinen Tiger, der seinem Vater sehr ähnlich war, behauptete steif und fest, in seiner Tatze stecke ein Dorn.

Der Tiger strich inzwischen durch den Dschungel. «Komm heraus», brüllte er vor der Höhle des Löwen, «komm und grüße den König der Tiere! Der König ist tot, lang lebe der König!»

In der Höhle weckte die Löwin ihren Mann. «Der König ist da und will dich sehen», sagte sie.

«Welcher König?» fragte der Löwe schlaftrunken.

«Der König der Tiere.»

«Der König der Tiere bin ich», brüllte Leo

165

und stürmte hinaus, um seine Krone und seinen Thron zu verteidigen.

Es war ein erbitterter Kampf, und er dauerte bis in die Abendstunden. Alle Bewohner des Dschungels waren herbeigeeilt, und von der Abgottschlange bis zum Zebra gab es kein Tier, das sich nicht an dem Machtkampf zwischen dem Löwen und dem Tiger beteiligte. Einige hatten allerdings keine Ahnung, für wen sie kämpften; manche kämpften für beide; andere kämpften gegen den, der zufällig in Reichweite war; wieder andere kämpften aus Freude am Kampf.

«Wofür kämpfen wir?» fragte jemand die Abgottschlange.

«Für die alte Ordnung», antwortete sie.

«Wofür sterben wir?» fragte jemand das Zebra.

«Für die neue Ordnung», lautete die Antwort.

Als der Mond aufging, ein fiebrig glühender Dreiviertelmond, beleuchtete er einen Dschungel, in dem sich nichts mehr regte, ausgenommen zwei Papageienvögel, die angstvoll kreischend davonflogen. Von den Tieren war nur noch der Tiger am Leben, und seine Tage waren gezählt, seine Zeit verrann. Er war der Beherrscher des Dschungels, aber was wollte das schon besagen?

Moral: Es hat nicht viel Sinn, sich König der Tiere zu nennen, wenn man als einziger übriggeblieben ist.

Das Eichhörnchen und seine Frau

Es war einmal ein männliches Eichhörnchen, das brauchte sich abends nur ins Bett zu legen, und schon schlief es so fest wie ein Ratz, ein Klotz oder ein satter Säugling. Die Frau des Eichhörnchens dagegen wurde zur Schlafenszeit so munter wie eine Eule, ein Nachtwächter oder ein Einbrecher. Wenn ihr Mann das Licht löschte, knipste sie es sogleich wieder an, und dann las sie oder grübelte oder schrieb in Gedanken Briefe oder überlegte, wo sich irgendwelche Sachen befinden könnten. Nach dem Abendessen wurde sie oft schläfrig und nickte manchmal sogar im Sessel ein, aber sobald sie im Bett lag, war sie hellwach und tausend Fragen gingen ihr durch den Kopf: Hatte ihr Mann etwa seine Pistole im Kinderzimmer liegengelassen? Wo war die Schachtel mit dem Christbaumschmuck geblieben? Hatte sie auch nicht vergessen, das Gas unter dem Pflaumenkompott auszudrehen? Waren Funken in den Papierkorb im Wohnzimmer geflogen? Je länger sie nachdachte, desto mehr festigte sich die Überzeugung, daß sie die Hintertür nicht abgeschlossen hatte und daß jemand im Erdgeschoß durch die Räume schlich.

Das männliche Eichhörnchen schlief immer, bis die Sonne hoch am Himmel stand; seine Frau dagegen hörte Stunde um Stunde alle Uhren

167

schlagen. Tagsüber brachte sie es fertig, bei den unmöglichsten Gelegenheiten einzuschlafen – zum Beispiel mit einem Cocktailglas in der Hand, oder während ihr Mann etwas vorlas, oder wenn sein Chef bei ihnen zu Gast war –, aber sobald sie im Bett lag, schrieb sie in Gedanken Briefe oder zerbrach sich den Kopf, ob sie die Katze hinausgelassen hatte, wo ihre Handtasche war und warum keine Nachricht von ihrer Mutter kam.

Eines Tages schlief sie ein, während sie ihren Wagen durch den Straßenverkehr lenkte, und nach einer angemessenen Trauerzeit nahm der Eichhörnchenmann ihre Schwester zur Frau. Er schlief auch jetzt noch so fest wie ein Ratz, ein Klotz oder ein satter Säugling; seine neue Frau aber lag neben ihm, munter wie eine Eule, ein Nachtwächter oder ein Einbrecher. Sie bildete sich ein, Schritte im Erdgeschoß zu hören, sie glaubte, Brandgeruch wahrzunehmen, sie überlegte, ob ihr Mann seine Versicherung hatte verfallen lassen. Dann kam der schicksalhafte Abend, an dem das männliche Eichhörnchen in einem überfüllten Salon einer jungen Eichhörnchendame begegnete, die ihm gestand, sie brauche viel Schlaf und gehe am liebsten schon um acht Uhr zu Bett. Er brannte mit ihr nach Maracaibo durch, wo sie fortan glücklich und zufrieden schliefen. Die zweite Frau aber lag jede Nacht wach, zerbrach sich den Kopf, was ihren

168

Mann bewogen haben könnte, sie um dieser gräßlichen Person willen zu verlassen, und überlegte, ob sie die Milchflaschen vor die Tür gestellt und nach dem Geschirrspülen den Wasserhahn in der Küche zugedreht hatte.

Moral: Das Bett ist die Wiege des Mannes, oft aber die Folterbank der Frau.

Der Weber und die Seidenraupe

Ein Weber sah mit staunender Bewunderung zu, wie eine Seidenraupe ihren Kokon in einem weißen Maulbeerbaum spann.

«Woher bekommst du das Zeug?» erkundigte sich der begeisterte Weber.

«Kannst du was damit anfangen?» fragte die Seidenraupe eifrig.

Mehr sprachen sie nicht miteinander, der Weber und die Seidenraupe, weil jeder von ihnen glaubte, der andere habe sich über ihn lustig gemacht. Heutzutage kann so ungefähr alles, was wir sagen, so ungefähr alles bedeuten, denn wir – und das gilt für Menschen wie Raupen – leben im Zeitalter des Geschwafels, des sinnlosen Geredes, des Bla-bla-bla.

Moral: Worte nützen überhaupt nichts, wenn sie keinen Sinn haben.

Zwei Hunde

In einer schwülen, mondlosen Nacht flüchtete ein Leopard aus seinem Zirkuskäfig und tauchte im Dunkel der Stadt unter. Der Chef der Polizeihunde betraute zwei seiner Untergebenen mit dem Fall, einen deutschen Schäferhund namens Schnapp und einen Bluthund, der Schnüffel hieß und für den Geheimdienst arbeitete. Schnüffel liebte es, langsam und methodisch vorzugehen, während sein uniformierter Kollege temperamentvoll und ungeduldig war. Die beiden zogen also los, und Schnüffel gab das Tempo an, bis Schnapp es nicht länger aushalten konnte. Mit dem Ruf: «Wenn wir so weitermachen, fangen wir nicht mal eine Schildkröte!» lief er flink wie ein Windspiel davon. Natürlich verirrte er sich, und Schnüffel mußte eine halbe Stunde suchen, bevor er ihn fand. «Es ist besser, ohne Hast irgendwohin zu gelangen, als blitzschnell nirgendwohin zu stürmen», bemerkte der Bluthund.

«Ausruhen ist etwas für die Toten», meinte der Schäferhund. «Ich gehe sogar im Traum auf die Katzenjagd.»

«Ich nicht», sagte der Bluthund. «Aus der Nase, aus dem Sinn.»

Sie setzten ihren Weg fort, jeder auf seine Weise, und während sie durch die mondlose

Nacht streiften, gaben sie einige Lebensweisheiten zum besten.

«Wer am nächsten Tag weiterjagen will, der sollte rechtzeitig Schluß machen», sagte Schnüffel.

Schnapp grinste höhnisch. «Schluß machen? Damit meinst du wohl wegrennen.»

«Ich renne prinzipiell nicht», erwiderte der Bluthund. «Wie soll ein atemloser Hund eine Katze aufspüren, besonders dann, wenn die Katze nicht außer Atem ist? Diese Erkenntnis stammt von mir. Die Menschen nennen so etwas Instinkt.»

«Mich hat man gelehrt, zu tun, was ich tue, und nicht zu tun, was ich nicht tue», sagte der Schäferhund. «Die Menschen nennen so etwas Disziplin.» Und er fügte hinzu: «Wenn *ich* hinter Katzen her bin, dann fange ich sie auch.»

«Ich fange sie nicht, ich spüre sie nur in ihrem Versteck auf», erklärte der Bluthund gelassen.

Plötzlich blieben die beiden Hunde stehen. Vor ihnen, am Ende der Straße, ragte ein großes, dunkles Haus auf. «Hier endet die Spur», sagte der Bluthund und schnüffelte auf dem Boden herum. «Zehn Schritte von jenem Fenster entfernt. Der Leopard muß von hier aus durch das Fenster ins Haus gesprungen sein.»

Die beiden Hunde starrten auf das offene Fenster des stillen und dunklen Hauses.

«Man hat mich gelehrt, durch offene Fenster

172

in dunkle Häuser zu springen», sagte Schnapp voller Stolz.

«Ich bin zu der Erkenntnis gelangt, daß es besser ist, nichts dergleichen zu tun», erwiderte Schnüffel. «An deiner Stelle würde ich die Pfoten von diesem Katzenvieh lassen. Leoparden rühre ich nur an, wenn sie zu Mänteln verarbeitet sind.»

Schnapp hörte nicht auf den freundschaftlichen Rat. «Allez hopp!» rief er munter und sprang durch das Fenster in das stille und dunkle Haus. Gleich darauf brach drinnen ein Lärm los, der sich für die scharfen Ohren des Bluthundes so anhörte, als würde ein Polizeihund von einem Leoparden gewaltsam in Frauenkleider gesteckt. Und so war es auch. Nach kurzer Zeit kam Schnapp aus dem Fenster gesaust, vom Hut bis zu den Schuhen in Frauenkleidern. In seinem Halsband steckte ein rosa Sonnenschirm. «Dabei hatte ich schon das Knie auf seiner Brust», sagte er kläglich.

Der alte Schnüffel seufzte. «Am besten lebt und den längeren zieht, wer nie sich auf seine Beute nicht kniet», murmelte er und erwies sich damit als schlechter Grammatiker, aber als Bluthund von echtem Schrot und Korn.

Moral: Willst du entgehen dem Spott der Leute, dann halte Abstand von deiner Beute.

Froschschenkel à la provençale

In einem Teich bei Paris lebte eine Froschdame, die sich einbildete, alles an ihr sei wunderbar.

«Ich habe das größte Seerosenblatt, das schönste und tiefste Schwimmbassin, die hübschesten Augen und die lieblichste Stimme der Welt», quakte sie.

«Du hast auch die sukkulentesten Beine auf Erden und im Wasser», hörte sie eines Tages jemanden sagen. Dieser Jemand war ein bekannter Pariser Restaurateur, der einen Spaziergang machte und sie bei ihren Prahlereien belauscht hatte.

«Ich weiß nicht, was sukkulent bedeutet», gestand die Froschdame.

«Du hast zweifellos das kleinste Vokabular der Welt», sagte der Gastronom, und die törichte Fröschin, die jeden Superlativ für ein Lob hielt, wurde vor Freude dunkelgrün.

«Ich würde dich gern einem meiner Bekannten vorsetzen», fuhr der Mann fort. «Einem berühmten Bonvivant, einem großen Gourmet, einem Kenner der *grande haute cuisine.*»

Die Froschdame wurde vor Entzücken fast ohnmächtig, als sie diese zwar unverständlichen, aber höchst wohlklingenden Ausdrücke hörte.

«Wie eine Königin wirst du zubereitet werden», schwärmte der Gastronom. «Auf provenzalische Art. Unter meiner Leitung natürlich.»

«Erzählen Sie mir noch mehr darüber», bat die hingerissen lauschende Fröschin.

«Und dazu wird es einen Wein geben, der seinesgleichen sucht. Einen der großen Jahrgänge. Ich glaube, ein Montrachet wäre genau das Richtige.»

«Sprechen Sie weiter», drängte die eitle und dumme Fröschin.

«Überall, wo Jünger der kulinarischen Kunst zusammentreffen, wird von dir die Rede sein», versicherte der Restaurateur. «Als das leckerste Gericht in der Geschichte der Gastronomie wirst du Unsterblichkeit erlangen.»

Außer sich vor Freude und fälschlich von ihrer Bedeutung überzeugt, fiel die Froschdame nun tatsächlich in Ohnmacht, und während sie besinnungslos war, amputierte der Kochkünstler sehr geschickt ihre sukkulenten Beine. Genau wie er es versprochen hatte, wurden die Froschschenkel unter seiner Leitung auf provenzalische Art zubereitet und mit einer Flasche Montrachet einem berühmten Bonvivant serviert.

Moral: Fatua cruraque mox separabuntur.

Der Königsfischer und der Fliegenschnäpper

Eine Fliegenschnäpperin, die in der schönen Jahreszeit zweimal gebrütet hatte und überaus stolz auf ihre Kinder war, stellte zuerst mit Schrecken, dann aber mit Freude fest, daß einer ihrer Söhne von der zweiten Brut sich weigerte, dem Beispiel seiner Geschwister zu folgen und das Nest zu verlassen. «Ich habe einen ganz besonderen Fliegenschnäpper in die Welt gesetzt», sagte die Mutter entzückt. «Er hat nichts mit den anderen Fliegenschnäppern gemein, und bestimmt wird er ein großer Sänger, größer noch als die Nachtigall.»

Sie ließ ihrem Söhnchen Gesangstunden geben, zuerst von einer Nachtigall, dann von einer Lerche und schließlich von einer Spottdrossel, aber trotz aller Bemühungen lernte der junge Fliegenschnäpper kein anderes Lied als: «Pi-wii, Pi-wii.» Daraufhin wandte sich die Mutter an Dr. Königsfischer, einen Vogelpsychologen, der den Kleinen sehr sorgfältig untersuchte. «Dieser Fliegenschnäpper ist ein Fliegenschnäpper wie jeder andere auch», sagte er zu der Mutter. «Und deshalb wird er nie etwas anderes singen als ‹Pi-wii, Pi-wii›.»

Die ehrgeizige Mutter war sicher, daß Dr. Königsfischer eine falsche Diagnose gestellt hatte. «Vielleicht wird er kein großer Sänger, aber zu irgend etwas Großem ist er zweifellos berufen», erklärte sie. «Eines Tages wird er den Adler von den Dollarmünzen verdrängen oder den Kanarienvogel aus dem vergoldeten Käfig oder den Kuckuck aus der Kuckucksuhr. Warten Sie's nur ab.»

«Ja, das werde ich tun», sagte Dr. Königsfischer, und er wartete. Aber nichts geschah. Der Fliegenschnäpper blieb auch weiterhin ein Fliegenschnäpper. Wie seine Artgenossen sang er ‹Pi-wii, Pi-wii›, und das war alles.

Moral: Aus Plätzchenteig kann man nichts anderes machen als Plätzchen.

Die Schildkröte, die über die Zeit triumphierte

An einem schönen Sommertag entdeckten die Bewohner einer Wiese und der umstehenden Bäume mit andächtigem Staunen, daß in den Rücken einer Schildkröte, die durch das Gras kroch, die Jahreszahl 44 v. Chr. eingemeißelt war. «Wir können uns glücklich und hochgeehrt schätzen», rief ein Heuschreck, «denn das älteste aller lebenden Geschöpfe weilt heute in unserer Mitte.»

«Laßt uns eine Unterkunft für den erlauchten Gast bauen», schlug ein Frosch vor, und die Schwalben, die Drosseln und all die anderen Vögel machten sich daran, aus Zweigen, Blättern und Blüten einen prächtigen Pavillon für die illustre Schildkröte zu errichten. Ein Grillenorchester spielte ihr zu Ehren, eine Drossel sang. Die Jubellieder waren auch auf den Feldern und in den Wäldern der Umgebung zu hören, und von nah und fern strömten immer mehr Tiere herbei, um die uralte Schildkröte zu besichtigen. Der Andrang war so groß, daß sich der Heuschreck entschloß, Eintrittsgeld zu erheben.

«Ich mache den Ausrufer», sagte der Frosch, und mit Hilfe des Heuschrecks legte er sich eine ausdrucksvolle Ansprache zurecht. «Unter diesem Schildkrötenpanzer», so begann seine Rede, «ist jeder einzelne Tag seit vorchristlicher Zeit

178

aufgespeichert. Unser hoher Gast wurde vor zweitausend Jahren geboren, im Todesjahr des mächtigen Julius Cäsar. Vierundvierzig vor Christo – Horaz war damals einundzwanzig, und Cicero hatte nur noch ein Jahr zu leben.» Die Schaulustigen schienen sich nicht sonderlich für die berühmten Zeitgenossen der Schildkröte zu interessieren, aber sie bezahlten bereitwillig für das Privileg, einen Blick auf das ehrwürdige Tier werfen zu dürfen.

Im Pavillon setzte der Heuschreck die Erklärungen fort. «Diese bemerkenswerte Schildkröte», rief er pathetisch, «stammt in gerader Linie von einer der ersten Familien des Urschleims ab. Ihr Urgroßvater könnte das erste Geschöpf gewesen sein, das in den feuchten, schlammigen Bereichen des sich abkühlenden Planeten zum Leben erwachte. Außer den Vorfahren unseres Gastes gab es zu jener Zeit nichts als Kohle und Schlammklümpchen.»

Eines Tages erschien ein rotes Eichhörnchen auf der Wiese, um die Schildkröte zu betrachten und den marktschreierischen Reden der beiden Geschäftemacher zu lauschen. «Vierundvierzig vor Christo – daß ich nicht lache», spottete das Eichhörnchen. «Du, mein lieber Heuschreck, bist voller Tabaksaft, und dein Freund, der Frosch, ist voller Leuchtkäfer. Es ist ein ebenso beliebter wie kindischer Scherz, ein Datum aus grauer Vorzeit in den Panzer einer Schildkröte zu meißeln. Dieses Kriechtier wurde vermutlich im Jahre neunzehnhundertzwei geboren. Früher auf keinen Fall.»

Während sich das Eichhörnchen in dieser Weise als Bilderstürmer betätigte, verließen die Besucher, die bereits ihr Eintrittsgeld bezahlt hatten, so unauffällig wie möglich den Pavillon, und auch von der Menge, die sich vor der Tür um den Frosch geschart hatte, war bald nichts mehr zu sehen. Die Grillen packten ihre Instrumente ein und verschwanden lautlos wie Araber; die Drossel nahm ihre Noten, flog davon und kam nicht mehr zurück. Die Wiese, auf der soviel Fröhlichkeit geherrscht hatte, hallte nicht mehr von Jubelliedern wider, und der Sommer schien dahinzusiechen wie ein sterbender Schwan.

«Ich wußte von Anfang an, daß die Schildkröte nicht zweitausend Jahre alt war», gestand der Heuschreck. «Aber den Leuten gefiel dieses Märchen, und ich habe viele gesehen, Junge und Alte, die zum erstenmal seit Jahren lächelten.»

«Und viele lachten, die seit Jahren nicht mehr gelacht hatten», fügte der Frosch hinzu. «Viele Augen leuchteten, und viele Herzen waren voller Freude.» Die Schildkröte vergoß vor Rührung eine Krötenträne und kroch davon.

«Die Wahrheit ist nicht hell und fröhlich», sagte das rote Eichhörnchen. «Die Wahrheit ist düster und kalt. Wenn ihr das abstreitet, betrügt ihr euch selbst.» Damit hüpfte der Aufklärer

180

keck in den Wald zurück. Im Gras der Wiese intonierten ehemals sorglose und muntere Stimmen einen schleppenden Trauergesang. Es klang, als sei ein erhabenes, wunderbares Wesen gestorben und werde nun zu Grabe getragen.

Moral: Ach, warum muß der Mythenzerstörer gleichzeitig ein Hoffnungsräuber, ein Fröhlichkeitstöter sein?

Der Löwe und die Eidechse

Ein Löwe und eine Eidechse bewohnten die Hallen, in denen einstmals ein Prinz geschlafen hatte. Der Prinz war gestorben, denn so etwas widerfährt sogar Prinzen, und sein Schloß war den Ratten und dem Ruin preisgegeben. Der Löwe stellte den Ratten nach und tötete so viele wie möglich, aber es gelang ihm nicht, die Eidechse aufzuspüren, die in einer Wandspalte lebte. In der verwahrlosten Küche gab es noch Mengen von königlichen Lebensmitteln, und der verwahrloste Keller war voll königlicher Weine. Das alles kam aber nur dem Löwen zugute, denn die Eidechse wagte nicht, ihren Schlupfwinkel zu verlassen. Die Folge war, daß der Löwe immer fetter und immer betrunkener wurde, die Eidechse dagegen immer magerer und immer nüchterner. So vergingen die Wochen, das Unkraut wuchs, die Mauern zerbröckelten, und der Löwe aß Tag für Tag sechs Mahlzeiten, zu denen er insgesamt achtzehn verschiedene Weine trank. Eines Abends, als der lohfarbene Schloßherr die sechste Mahlzeit des Tages mit einem Krug Brandy hinunterspülte, schlief er auf seinem goldenen Stuhl am Kopfende des kunstvoll geschnitzten Tisches ein. Die Eidechse nahm all ihre Kraft zusammen – viel war es nicht mehr –, kroch auf den Tisch und versuchte, an einer

182

Brotkrume zu nagen. Sie war jedoch viel zu schwach zum Essen. Der Löwe, durch ein leises Löffelklirren geweckt, wollte den ungebetenen Gast mit einem mächtigen Hieb seiner Pranke zerschmettern, aber er war sehr dick, sehr vollgefressen und keiner mächtigen Prankenhiebe mehr fähig. Er stieß den Krug mit den letzten Tropfen Brandy um, als er sein Leben auf dem goldenen Stuhl aushauchte. Gleichzeitig gab die Eidechse ihren Geist inmitten von Brotkrumen und silbernen Löffeln auf.

Moral: Wer an Übersättigung stirbt, ist ebenso tot wie ein Verhungerter.

Die Tigerin und ihr Mann

Stolzfuß, ein Tiger, wurde schon nach kurzem Eheleben seiner Frau, der stattlichen Sabra, so überdrüssig, daß er morgens früher und früher aus dem Haus ging und abends später und später zurückkehrte. Kosenamen wie ‹Zuckerpfötchen› hatte er für Sabra nicht mehr. Wollte er etwas von ihr, so klatschte er einfach in die Tatzen, oder er pfiff, wenn sie gerade im Obergeschoß war. Die letzte längere Rede, die er ihr beim Frühstück gehalten hatte, lautete folgendermaßen: «Himmelkreuzdonnerwetter, was ist eigentlich mit dir los? Ich bringe dir doch soviel Reis, Erbsen und Kokosnußöl, wie du brauchst, nicht wahr? Liebe ist etwas, was man mit dem Hochzeitskleid auf dem Speicher einmottet. Das haben wir hinter uns.» Er trank seinen Kaffee aus, warf die *Dschungelpost* auf den Tisch und erhob sich.

«Wohin gehst du?» fragte Sabra.

«Weg», antwortete er. Und von da an sagte er jedesmal, wenn sie wissen wollte, wohin er ginge, entweder «weg» oder «aus» oder «kusch».

Eines Tages kündigte sich bei Sabra das an, was man in einer glücklichen Ehe als ‹freudiges Ereignis› bezeichnet. Sie erzählte es Stolzfuß, und er knurrte: «Gryp.» Inzwischen hatte er sich nämlich angewöhnt, mit seiner Frau in einer

184

Art Code zu sprechen, und ‹Gryp› bedeutete: ‹Wenn die Jungen groß sind, können sie von mir aus Xylophonspieler oder Generalmajor werden.› Dann verdrückte er sich, wie es alle Tiger in einer solchen Situation tun. Fürs erste gedachte er seine Kinder zu ignorieren, und später, so nahm er sich vor, wollte er die Töchter schurigeln und die Söhne im Boxen unterrichten. Während er auf das nicht unbedingt freudige Ereignis wartete, vertrieb er sich die Zeit, indem er Wasserbüffel überfiel und mit ein paar Tigern vom Geheimdienst in einem Streifenwagen der Polizei durch die Gegend fuhr.

Als er sich endlich wieder zu Hause blicken ließ, sagte er zu seiner Frau: «Flatz», und das bedeutete: ‹Ich hau mich jetzt in die Falle, und wenn mich die Kinder mit ihrem Geheul stören, ersäufe ich sie wie gewöhnliche Hauskatzen.› Daraufhin ging Sabra zur Tür, öffnete sie weit und sagte nur ein einziges Wort: «Raus!» Der Kampf, der sich nun zwischen den Eheleuten entspann, war schrecklich, aber kurz. Stolzfuß griff mit der falschen Tatze an, und Sabra konterte mit dem schnellsten Kinnhaken des Dschungels, so daß er auf der Stelle die Besinnung verlor. Am nächsten Morgen kamen die Tigerkinder, Jungen und Mädchen, fröhlich die Treppe heruntergelaufen und wollten etwas zum Spielen haben. «Ihr könnt ins Wohnzimmer gehen und mit eurem Vater spielen», sagte die Mutter. «Er

185

liegt als Teppich vor dem Kamin. Ich hoffe, er gefällt euch.»

Die Kinder fanden ihn wundervoll.

Moral: Sei nie gemein zu der Frau eines Tigers, vor allem nicht, wenn du der Tiger bist.

Der Schatz der Elster

Eines Tages, als die Sonne alles Glitzernde zum Glitzern und alles Funkelnde zum Funkeln brachte, schnappte sich eine Elster einen Gegenstand aus der Gosse und trug ihn in ihr Nest. Eine Krähe und ein Kaninchen hatten sie herabstoßen und dann davonfliegen sehen und waren der Meinung, die Elster habe irgendeinen Leckerbissen gefunden. «Bestimmt war's eine Karotte», meinte das Kaninchen, «denn ich habe gehört, daß sie etwas über Karotten sagte.»

«Es glitzerte», behauptete die Krähe. «Und es glitzerte eßbar. Wie ein goldgelbes Maiskorn.»

«Wer ißt schon etwas so Ordinäres wie Mais», sagte das Kaninchen verächtlich.

«Von mir aus kannst du mit deinen Karotten selig werden», versetzte die Krähe, und die beiden machten sich auf den Weg zur Elster. Das Wasser lief ihnen im Munde zusammen, als sie sich dem Nest näherten. «Ich fliege mal eben rauf und sehe nach, was sie hat», sagte die Krähe. «Wenn es ein Maiskorn ist, nehme ich es für mich. Wenn es eine Karotte ist, bekommst du sie.»

Die Krähe stattete also der Elster einen Besuch ab, während das Kaninchen unten wartete. Die Elster zeigte beglückt, was sie in der Gosse gefunden hatte. «Es ist ein goldener Ring mit einem Diamanten von vierzehn Karat», erklärte sie. «Ringe habe ich mir schon gewünscht, als ich kaum flügge war. Aber leider sammelten meine Eltern nur Würmer. Hätte ich meinen Willen durchsetzen können, dann wäre ich heute ein wohlhabender Vogel und lebte inmitten von Ringen und anderen Schmuckstücken.»

«Statt dessen lebst du im Plusquamperfekt des Konjunktivs», sagte die Krähe geringschätzig.

«Ja, das ist ein netter, ruhiger Aufenthaltsort», erwiderte die Elster. «Er wird wenig besucht, außer von reuigen, aber nicht mehr erfüllbaren Wünschen.»

Die Krähe flog zu dem Kaninchen hinab und teilte ihm mit, die Elster habe vorhin nicht von Karotten, sondern von Karat gesprochen.

«Eine Karotte ist soviel wert wie vierzehn Karat», sagte das Kaninchen. «Und wenn du das mit zwanzig multiplizierst, stimmt es immer noch.»

«Ich verzichte auf diese ungenießbaren Karate», murrte die Krähe. «Das Auge kann man täuschen, aber den Magen nicht.»

Die Krähe und das Kaninchen schluckten das einzige hinunter, was sie hatten, nämlich ihre Enttäuschung, und ließen die Elster mit ihrem Schatz allein. Das Sonnenlicht brachte alles Funkelnde zum Funkeln und alles Glitzernde zum Glitzern, und die Elster war bis zum Abend glücklich und zufrieden.

Moral: Chacun à son goût, heißt es in Frankreich, und dagegen läßt sich nichts sagen, aber warum verachten wir das, was andere schätzen, muß ich mich fragen.

Die Grille und der Zaunkönig

Bei einem sommerlichen Musikfestival im Wald von Tangletale bewarben sich etwa zwanzig Solisten um den Pfauenpreis, der alljährlich vergeben wurde. Die Grille sollte den Sieger bestimmen, teils, weil sie als Geiger berühmt war, und teils, weil sie so oft im Rundfunk auftrat – immer dann, wenn man den Hörern bedeuten wollte, die Szene spiele bei Nacht.

Die Grille (es handelte sich übrigens um ein Männchen) wurde am Bahnhof von dem Zaunkönig erwartet, der den Gast zum Hotel flog, ihn zu einem Drink einlud, ihm die Koffer nach oben trug und sich überhaupt so höflich und zuvorkommend benahm, daß die Grille ihn für den Besitzer des Hotels hielt.

«O nein, ich bin nicht der Hotelbesitzer, sondern einer der Bewerber um den Pfauenpreis», erklärte der Zaunkönig. «Für mich ist es, selbst wenn ich verlieren sollte, eine größere Ehre, von Ihnen beurteilt zu werden, als den Preis aus der Hand eines weniger bedeutenden Kenners und Könners zu erhalten. Gestatten Sie, daß ich Ihnen zum Zeichen meiner Wertschätzung einige kleine Gaben überreiche: eine Flasche Wein, einen Kirschkuchen und den Schlüssel zum Boudoir einer bezaubernden Grillendame, die an Schönheit und Charme ihresgleichen sucht.»

Am Nachmittag flog der Zaunkönig den sachverständigen Gast zum Konzertfeld, wo sich die Solisten produzierten. Der Frosch spielte Cello, die Lerche blies die hohe Solotrompete, die Nachtigall schlug ihre goldene Harfe, die Amsel spielte auf einer Ebenholzflöte, der Katzenvogel brillierte als Pianist mit perlenden Arpeggien und das Rebhuhn zeigte sich als Trommelkünstler. Danach kamen die Sänger an die Reihe, und den Anfang machte der Kanarienvogel, ein temperamentvoller Ausländer, der die ganze Nacht in der Bar gesessen und mit seinen Fähigkeiten geprahlt hatte, was seiner Stimme keineswegs zum Vorteil gereichte. «Da ist ja sogar die Eule noch besser, obgleich sie nichts anderes singen kann als ‹huhu›», sagte der Zaunkönig, der sich unauffällig neben die Grille gesetzt hatte. Er bot dem berühmten Kritiker eine Zigarre an, gab ihm Feuer und ließ ihn aus seiner Taschenflasche trinken. «Was mich betrifft, so werde ich einen Liederzyklus singen», berichtete er. «Der Text – es ist immer derselbe – stammt von Henley und lautet: ‹Nimm, Liebste, diesen kleinen Liederstrauß.› Ich selbst habe die Musik komponiert, und das Werk ist Ihnen, verehrter Meister, und meiner Frau gewidmet.»

Nach dem Kanarienvogel sang die Spottdrossel. Sie hatte die ganze Nacht geschlafen und vom Sieg geträumt, was ihrer Stimme sehr zum Vorteil gereichte. Die Anhänger des liebenswürdigen Zaunkönigs machten besorgte Gesichter, denn sie wünschten, daß nicht die Spottdrossel den Sieg davontragen möge, sondern er mit seinem Zyklus munterer Lieder, die alle gleich lauteten. «Sie singt ja ganz nett, aber ihre Zunge ist verflixt scharf», flüsterte der Zaunkönig der Grille zu. «Als ich gestern abend äußerte, Sie seien ein besserer Geiger als alle hier anwesenden Violinisten, da sagte sie, was das Aussehen beträfe, so hätten Sie große Ähnlichkeit mit einer Limousine, die bei einem Verkehrsunfall zu Schaden gekommen ist.» Die Grille rieb ärgerlich ihre Beine gegeneinander und brachte zwei tiefe, unheilverkündende Töne hervor. «Meiner Meinung nach», fuhr der Zaunkönig fort, «sehen Sie aus wie ein schöner, glänzender und ehrfurchtgebietender Mechanismus, zum Beispiel der Abzug eines Colts. Bitte, hier ist eine Pastille gegen Ihren Husten, ein Kissen für Ihren Stuhl und ein Schemel für Ihre Füße.»

Dann wurde der Zaunkönig aufs Podium gebeten, und sein Zyklus von Liedern, die alle gleich lauteten, entzückte sämtliche Zuhörer, ausgenommen die anderen Solisten sowie ihre Freunde und Verwandten.

«Da singe ich sogar mit geschlossenem Schnabel noch besser», höhnte die Spottdrossel.

«Mit zehn von der Sorte nehme ich's allemal auf», erklärte der Katzenvogel.

«*Mon Dieu*», rief der Kanarienvogel, «*sa voix*

grince comme une porte rouillée qui aurait besoin d'huile!»

Die Grille sprach dem Zaunkönig den ersten Preis zu und würdigte seine Leistung in einer Ansprache, in der es unter anderem hieß: «Die Stimme dieses Künstlers ist wie ein blinkender Mechanismus, zum Beispiel das Uhrwerk einer goldenen Spieldose, und er versteht es, seinen Liederzyklus mit dem immer gleich lautendem Text überaus abwechslungsreich vorzutragen. Außerdem weiß er wahre Werte zu erkennen und verfügt über ein hochentwickeltes kritisches Urteilsvermögen.»

Damit war das Musikfestival beendet. Die Abreise – genauer gesagt, die Flucht – der Grille vollzog sich reibungslos, denn dem großen Kritiker stand ein Privatflugzeug zur Verfügung, und zwar in Gestalt des siegreichen Zaunkönigs.

Moral: Geben ist nicht immer seliger denn Nehmen, aber es ist oft einträglicher.

Die Krähe und die Vogelscheuche

Es geschah einmal, daß sich eine Armada von Krähen auf einen Bauernhof stürzte wie der Wolf auf eine Schafherde. Den Krähen ging es darum, möglichst ungestört den Samen aus der Erde und die Getreidekörner aus den Ähren zu picken. Sie stellten Schildwachen auf, die warnend krächzten, wenn der Bauer sich näherte, und sie hatten sogar ein paar Geheimdienstkrähen, die sich unter die Hühner im Hof und die Tauben auf dem Dach mischten, um herauszufinden, was der Bauer in den nächsten Stunden vorhatte. Auf diese Weise konnten sie den Garten und die Felder ausplündern, wenn er fort war, und im Verborgenen bleiben, wenn er zu Hause war. Daraufhin beschloß der Bauer, eine Vogelscheuche anzufertigen, bei deren Anblick die verhaßten Krähen zu Tode erschrecken würden. Aber soviel Mühe er sich mit seinem Werk auch gab, die Vogelscheuche erschreckte nicht einmal die jüngsten und empfindsamsten Krähenweibchen. Die Plünderer wußten genau, daß die Vogelscheuche nichts weiter war als ein alter, mit Stroh ausgestopfter Anzug und daß sie in ihrer hölzernen Hand kein richtiges Gewehr hielt, sondern eine Gardinenstange.

Als immer mehr Getreide und immer mehr Samenkörner verschwanden, wuchs der Rache-

durst des Bauern ins Ungemessene. Eines Nachts
verkleidete er sich als Vogelscheuche und nahm
im Finstern – es war gerade Neumond – mit
Hilfe seines Sohnes den Platz der ausgestopften
Figur ein. Die Hand, die das Gewehr hielt, war
nun aus Fleisch und Blut, und das Gewehr war
keine harmlose Gardinenstange, sondern eine
doppelläufige zwölfkalibrige Winchesterbüchse.

Am nächsten Morgen brach die Dämmerung
mit einem Lärm an, als fielen Tausende von
Blechtöpfen zu Boden. Es war das Rebellenge-
schrei der Krähen, die wie Jeb Stuarts Kavallerie
über den Garten und die Felder herfielen. Plötzlich geschah es: Eine junge Krähe, die sich
die ganze Nacht herumgetrieben und Korn in
gebrannter Form zu sich genommen hatte, verlor
das Gleichgewicht, stürzte kreiselnd in die Tiefe,
klatschte in einen Eimer mit roter Farbe, der
neben der Scheune stand, und ging in Flammen
auf.

Der Bauer wollte gerade aus beiden Läufen
auf die Vogelschwadron schießen, als die brennende Krähe geradewegs auf ihn zugeflogen
kam. Der Anblick einer roten Krähe, die von
etwas triefte, was Blut zu sein schien, und die
obendrein wie eine Fackel loderte, jagte der lebenden Vogelscheuche, dem Bauern, einen solchen
Schreck ein, daß er auf der Stelle tot umfiel. So
möchte wohl jeder von uns dereinst sterben –
mutatis mutandis, wie sich von selbst versteht.

Am folgenden Sonntag hielt der Pfarrer eine Predigt, in der er tiefbetrübt alles anprangerte, was ihm an seiner Gemeinde mißfiel: Trunksucht, Verbrechertum, Ausschreitungen aller Art, Sensationshochzeiten, sonntägliches Golfspiel, Ehebruch, leichtsinniger Umgang mit Feuerwaffen und Grausamkeit gegen unsere gefiederten Freunde. Nach dem Gottesdienst ging die Witwe des Bauern zum Pfarrer und erzählte ihm, wie sich die Dinge in Wirklichkeit abgespielt hatten. Der geistliche Herr aber schüttelte skeptisch den Kopf und murmelte: «Wirrer als wirr wäre die Zeit, da der Vogel die Vogelscheuche erschreckt und zur Vogelscheuchenscheuche wird.»

Moral: Wie Oscar Wilde sagt, tötet ein jeder das, was er liebt. Ein jeder tötet aber auch das, was er haßt, vorausgesetzt natürlich, daß es ihm nicht zuvorkommt.

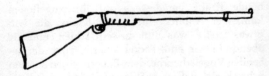

Elfenbein, Affen und Geschäftsleute

Eine Schar ehrgeiziger Affen in Afrika wandte sich eines Tages mit einem geschäftlichen Vorschlag an eine Elefantenherde. «Wir können den Menschen eure Stoßzähne verkaufen und dafür ein Vermögen an Erdnüssen und Orangen bekommen», sagte der Führer der Affen. «Für euch und uns sind Stoßzähne nichts weiter als Stoßzähne, aber für die Menschen stellen sie wertvolle Handelsware dar – Billardbälle, Klaviertasten und andere Dinge, die gern gekauft und verkauft werden.» Die Elefanten meinten, sie müßten sich das erst einmal überlegen. «Gut», sagte der Führer der Affen, «kommt morgen um diese Zeit wieder, und dann machen wir die Sache perfekt.» Nach dieser Unterredung suchten die Affen eine Delegation von Geschäftsleuten auf, die in der Gegend umherreiste und Ausschau nach Handelswaren hielt.

«Es ist allerbestes Elfenbein», versicherte der Oberaffe dem Leiter der Delegation. «Hundert Elefanten, zweihundert Stoßzähne. Gehört alles euch, wenn ihr uns Orangen und Erdnüsse dafür gebt.»

«Zweihundert Stoßzähne – das reicht für einen kleinen Elfenbeinturm», meinte der Leiter der Delegation. «Oder für vierhundert Billardbälle und tausend Klaviertasten. Ich werde

sofort an meinen Agenten telegrafieren, damit er
eure Nüsse und Orangen verladen läßt und sich
nach Käufern für die Billardbälle und Klaviertasten umsieht. Das Wichtigste am Geschäft ist
das Geschäft, und die Seele vom Ganzen ist
Schnelligkeit.»

«Dann sind wir uns also einig», sagte der Führer der Affen.

«Wo befindet sich die Ware?» fragte der Ge-
schäftsmann.

«Im Augenblick frißt sie oder paart sich, aber
sie wird zur vereinbarten Zeit am vereinbarten
Ort sein», erwiderte der Oberaffe. Es kam jedoch
anders. Die Elefanten hatten sich die Sache hin
und her überlegt, und die Folge war, daß sie
am nächsten Tag vergaßen, sich mit den Affen
zu treffen. Elefanten können nämlich mühelos
alles aus ihrem Gedächtnis verbannen, was zu
vergessen vorteilhaft ist. Auf dem Weltmarkt ent-
stand erhebliche Unruhe, als das Geschäft in die
Binsen ging, und in den Rechtsstreit, der daraus
erwuchs, wurden außer den Elefanten alle ver-
wickelt: die Agentur für Großhandel, das HfA
(Handelsbüro für Affen), die Interspezies-Han-
delskommission, die Bundesgerichtshöfe, die na-
tionale Vereinigung der Handeltreibenden, der
afrikanische Geheimdienst, der internationale
Verband für tierischen Fortschritt und die *Ame-
rican Legion*. Gutachten wurden angefertigt,
Verordnungen erlassen, Vorladungen verschickt,

gerichtliche Verfügungen angeordnet oder aufgehoben, Einsprüche genehmigt oder abgewiesen. Die amerikanische Liga patriotischer Kämpferinnen gegen subversive Elemente zeichnete sich durch große Aktivität aus, bis sie selbst als subversiv gebrandmarkt wurde, und zwar von einem Mann, der später seine Behauptung widerrief und sich ein Vermögen erwarb, indem er zwei Bücher herausbrachte: ‹Ich habe mein Schäfchen im trocknen› und ‹Ich lüge wie gedruckt›.

Die Elefanten behielten ihr Elfenbein, und niemand bekam Billardbälle oder Klaviertasten, von Nüssen und Orangen ganz zu schweigen.

Moral: O Mensch, laß dir von einem, der Erfahrung hat, gut raten: Den Hasen, den du morgen schießen willst, kannst du nicht heut schon braten.

Oliver und die anderen Strauße

Ein Strauß von ehrfurchtgebietender Autorität setzte seinen Schülern, jungen Straußen, auseinander, daß ihre Art allen anderen Arten überlegen sei. «Schon die alten Römer kannten uns», verkündete er, «oder besser gesagt, wir kannten die alten Römer. Sie nannten uns *avis struthio*, während wir sie Römer nannten. Bei den Griechen hießen wir *strouthion*, was soviel wie ‹der Treue› bedeutet – oder zumindest bedeuten sollte. Wir sind die größten und folglich die besten Vögel der Welt.»

«Hört! Hört!» riefen alle Anwesenden, ausgenommen ein nachdenklicher junger Strauß namens Oliver. «Wir können nicht rückwärts fliegen wie der Kolibri», wandte er ein.

«Der Kolibri gerät immer mehr ins Hintertreffen», erwiderte der alte Strauß. «Wir dagegen schreiten unaufhaltsam vorwärts.»

«Hört! Hört!» riefen alle außer Oliver.

«Wir legen die größten und folglich die besten Eier», fuhr der Lehrer in seinem Vortrag fort.

«Die Eier des Rotkehlchens sind hübscher», bemerkte Oliver.

«Rotkehlcheneier!» sagte der alte Strauß verächtlich. «Aus denen schlüpfen doch nur Rotkehlchen, und Rotkehlchen sind erdgebundene Wurmsüchtige.»

«Hört! Hört!» riefen alle außer Oliver.

«Wir kommen mit vier Zehen aus, während der Mensch nicht weniger als zehn benötigt», dozierte der Alte.

«Aber der Mensch kann im Sitzen fliegen, und wir können überhaupt nicht fliegen», warf Oliver ein.

Der alte Strauß sah ihn streng an, zuerst mit dem rechten Auge, dann mit dem linken. «Der Mensch fliegt viel zu schnell», sagte er. «Da die Welt rund ist, wird er sich bald eingeholt haben und mit sich selbst zusammenstoßen. Nie wird der Mensch erfahren, daß es der Mensch war, dessen Vorderseite gegen seine Rückseite prallte.»

«Hört! Hört!» riefen alle Strauße, ausgenommen der junge Oliver.

«Wir können uns in Zeiten der Gefahr unsichtbar machen, indem wir den Kopf in den Sand stecken», schwadronierte der Vortragende. «Kein anderes Lebewesen besitzt diese Gabe.»

«Woher wissen wir, daß wir unsichtbar sind?» erkundigte sich Oliver. «Mit dem Kopf im Sand können wir doch nicht sehen, ob jemand uns sieht oder nicht.»

«Haarspalterei!» rief der alte Strauß, und alle seine Schüler (außer Oliver) schrien ebenfalls «Haarspalterei!», obgleich sie keine Ahnung hatten, was das Wort bedeutete.

In diesem Augenblick hörten der Lehrer und

seine Schüler ein seltsames, beunruhigendes Geräusch, das wie Donnergrollen klang und immer mehr anschwoll. Es war jedoch nicht der Donner eines Gewitters, sondern der Donner einer gewaltigen Herde tückischer Elefanten, die ziellos und ohne jeden erkennbaren Grund drauflos rasten. Der alte Strauß und alle seine Schüler (außer Oliver) steckten rasch den Kopf in den Sand. Oliver flüchtete sich hinter einen großen Felsen und wartete dort, bis die Herde vorbeigestürmt war. Als er aus seinem Versteck hervorkam, sah er vor sich ein Meer von Sand, vermischt mit Knochen und Federn, den Überresten des alten Lehrers und seiner Schüler. Um ganz sicherzugehen, rief Oliver die Namen der Strauße in alphabetischer Reihenfolge auf. Alles blieb still, bis er zu seinem eigenen Namen kam. «Oliver», sagte er.

«Hier! Hier!» schrie Oliver, und das war der einzige Laut in der Wüste, abgesehen von einem schwachen, in der Ferne verklingenden Donnergrollen.

Moral: Du sollst weder dein Haus noch deinen Glauben auf Sand bauen.

Die Küste und das Meer

Ein einzelner aufgeregter Lemming verursachte eine Panik unter seinen Artgenossen, indem er plötzlich «Feuer!» schrie und auf das Meer zurannte. Vielleicht war er durch das Rot der aufgehenden Sonne getäuscht worden, vielleicht hatte er von lodernden Flammen geträumt, oder es könnte auch sein, daß er sich den Kopf an einem Stein gestoßen und tausend sprühende Sterne gesehen hatte. Jedenfalls stürzte er in wilder Flucht davon, und andere schlossen sich ihm an: eine Lemming-Mutter mit ihrem Kind, ein Lemming-Nachtwächter, der gerade von der Arbeit kam, sowie eine Reihe von Bummelbrüdern und Frühaufstehern.

«Die Welt geht unter!» schrien sie alle. Aus Hunderten von flüchtenden Lemmingen wurden Tausende und aber Tausende, die in derart fieberhafter Hast sprangen, hüpften, hopsten, hoppelten und durcheinanderpurzelten, daß jeder von ihnen überzeugt war, es bestehe höchste Gefahr, denn sonst würden die anderen ja nicht Hals über Kopf davonlaufen.

«Der Teufel ist in einem roten Wagen gekommen», rief ein ältliches Lemming-Männchen.

«Sucht einen stillen Platz!» quiekte ein altes Weibchen.

«Einen was?» fragten andere.

«Einen Millionenschatz!» schrie ein erregter Lemming. «In des Meeres tiefsten Tiefen gibt es ungezählte Edelsteine – Diamanten, Saphire, Berylle . . .»

«Bären!» kreischte seine Tochter. «Lauft, lauft, aber fix!» Und sogleich brüllten Tausende angstvoll: «Füchse!» Schließlich gab es fast ebenso viele Alarmrufe wie Flüchtende.

Nur ein alter Lemming, der seit vielen Jahren allein in seiner Höhle lebte, rührte sich nicht vom Fleck und ließ die wilde Jagd seelenruhig an sich vorbeibrausen. Er sah keine Flammen hinter den Bäumen, keinen Teufel, keine Bären und keine Füchse. Da er ein ernster Wissenschaftler war, hatte er längst herausgefunden, daß es in den tiefsten Tiefen des Meeres keine Edelsteine gab, sondern nur Schlamm, Schmutz und schleimiges Plankton. So schaute er denn zu, wie die anderen Lemminge – manche mit dem Ruf: «Wir sind gerettet!» und manche mit dem Aufschrei: «Wir sind verloren!» – ins Wasser sprangen und von den Wellen verschlungen wurden. Der gelehrte Lemming schüttelte bekümmert den Kopf, zerriß alles, was er in langen Jahren über Lemminge geschrieben hatte, und begann das Studium seiner Art noch einmal von vorn.

Moral: Höchst wichtig ist's für uns alle, klar zu erkennen, wovor wir flüchten, warum wir's tun und wohin wir rennen.

Inhalt

Die Kaninchen, die an allem schuld waren	5
Die ziemlich intelligente Fliege	8
Das kleine Mädchen und der Wolf	10
Der Löwe, der fliegen wollte	12
Der propre Ganter	15
Der Nachtschmetterling und der Stern	17
Die beiden Truthähne	19
Der Neuntöter und die Eichhörnchen	21
Der Seehund, der berühmt wurde	24
Der Tiger, der die Menschen verstand	27
Der Jäger und der Elefant	30
Der Scotty, der zuviel wußte	32
Der Bär, der es bleiben ließ	35
Der Uhu, der Gott war	37
Die Schafe im Wolfspelz	41
Der Storch, der eine dumme Frau geheiratet hatte	43
Die Insel des Friedens	46
Der Kräherich und die Pirolin	48
Der Elefant, der die ganze Welt herausforderte	51
Das Einhorn im Garten	55
Die Vögel und die Füchse	58
Die Stadtmaus, die aufs Land fuhr	60
Die Henne und der Himmel	62
Die Schildkröte und der Hase	63
Die Henne, die nicht fliegen wollte	66

Der geduldige Bluthund	68
Arthur und Al auf Freiersfüßen	70
Die Glasscheibe auf dem Feld	73
Das Meer und die Küste	76
Die Wahrheit über Kröten	78
Der Schmetterling, der Marienkäfer und der Fliegenschnäpper	82
Der tollkühne Mausejunge und die vorsichtige Katze	84
Die Rose und das Unkraut	87
Die Fledermaus, die unbedingt fort wollte	90
Der Löwe und die Füchse	94
Der junge Draufgänger	95
Der Blausänger und sein Bruder	98
Die Kleidermotte und der Mondfalter	100
Die Liebesleute	103
Der Fuchs und der Rabe	106
Variationen über das Thema Fuchs und Rabe	108
Die Bären und die Affen	111
Der Vater und sein Töchterchen	114
Die Katze im Rettungsboot	116
Die Indifferente und die Betriebsame	120
Der Mensch und der Dinosaurier	124
Die Party der Hennen	128
Die Rose, der Springbrunnen und die Taube	131
Der flotte Pinguin und das tugendhafte Weibchen	134
Der friedliebende Mungo	138
Der Patenonkel und sein Patenkind	140
Der Grizzlybär und die Messeschlager	141

Die Gans, die das vergoldete Ei gelegt hatte	145
Der Prozeß gegen den alten Wachhund	148
Der Philosoph und die Auster	151
Tee kontra Kaffee	153
Die Maus und das Geld	155
Der Wolf an der Haustür	158
Was dem Ackergaul Karl widerfuhr	159
Die Dohlen auf dem Uhrzeiger	162
Der Tiger, der König sein wollte	165
Das Eichhörnchen und seine Frau	167
Der Weber und die Seidenraupe	170
Zwei Hunde	171
Froschschenkel à la provençale	174
Der Königsfischer und der Fliegenschnäpper	176
Die Schildkröte, die über die Zeit triumphierte	178
Der Löwe und die Eidechse	182
Die Tigerin und ihr Mann	184
Der Schatz der Elster	187
Die Grille und der Zaunkönig	190
Die Krähe und die Vogelscheuche	194
Elfenbein, Affen und Geschäftsleute	197
Oliver und die anderen Strauße	200
Die Küste und das Meer	203

James Thurber

Zehn goldene Regeln
für das Zusammenleben
mit 100 warnenden Beispielen
Ein Rowohlt Nachttisch-Bändchen
120 Seiten. Geb.

Der Hund,
der die Leute biß
und andere Geschichten
für Freunde
bellender Vierbeiner
Ein Rowohlt Nachttisch-Bändchen
160 Seiten mit 32 Illustrationen. Geb.

Das weiße Reh
Ein Märchenspaß mit Illustrationen
Ein Rowohlt Nachttisch-Bändchen
120 Seiten mit 45 Zeichnungen. Geb.

Es liegen ferner vor:

Gesammelte Erzählungen
Sonderausgabe. 432 Seiten. Geb.

Als Taschenbuchausgabe:

Die letzte Blume
Eine Parabel und 27 Fabeln für unsere Zeit
rororo Band 1676

Rowohlt